Michael Mroß

Organisationslehre für Sozialmanagement und Sozialverwaltung

Kompakt!

Mroß, Michael

Organisationslehre für Sozialmanagement und Sozialverwaltung
Kompakt!

ISBN: 978-3-86741-828-7
Auflage: 1
Erscheinungsjahr: 2012
Erscheinungsort: Bremen, Deutschland

© Europäischer Hochschulverlag GmbH & Co KG, Fahrenheitstr. 1, 28359 Bremen

www.eh-verlag.de

Michael Mroß

Organisationslehre für Sozialmanagement und Sozialverwaltung

Vorwort

Im Titel des hier vorliegenden Lehrbuches wird bereits deutlich, dass es sich um ein „kompaktes" Werk handelt. Ziel war es, die Inhalte möglichst in einer gerafften, schnörkellosen Art aufzubereiten, um damit die während der Lehrveranstaltung vermittelten Inhalte noch einmal nachschlagen zu können oder auch zur gezielten Prüfungsvorbereitung zu dienen. In diesem Sinne kommt dem Buch der Charakter eines ausformulierten Skriptes zu, das auf tiefergehende Erörterungen bewusst verzichtet.

Das vorliegende Lehrbuch zur Organisationslehre richtet sich an Studierende, die das Fach Organisation im Zuge eines Studiums des Sozialmanagements, der Sozialen Arbeit und verwaltungsbezogener Studiengänge studieren. Als ein in das Thema *Organisation* einführender Text setzt es keinerlei Vorkenntnisse voraus.

Prof. Dr. Michael Mroß,

Köln im September 2012

Inhaltsverzeichnis

Vorwort I

1 Einführung 1

    1.1 Konzept und Ziel dieses Buches 1

    1.2 Sozialwirtschaft, Sozialmanagement und Öffentliche Betriebswirtschaft 1

        1.2.1 Historische Bezüge 1

        1.2.2 Öffentliche Aufgaben zur Erfüllung kollektiver Bedürfnisse 2

        1.2.3 Output vs. Outcome der Erfüllung öffentlicher Aufgaben 3

        1.2.4 Der Betrieb als Instrument der öffentlichen Aufgabenerledigung 3

    1.3 Kommunale (Sozial-) Verwaltung 10

        1.3.1 Organisation der Gemeinden und Kreise 10

        1.3.2 Interner Verwaltungsaufbau 12

        1.3.3 Organe der Gemeinde 14

        1.3.4 Alternativen der Gesamtorganisation und Rechtsformwahl 15

    1.4 Privatisierung 16

    1.5 Sozialwirtschaft 17

2 Grundlagen und -begriffe der Organisation 20

    2.1 Sichtweisen der Organisation 20

        2.1.1 Bürokratiemodell nach Weber 21

        2.1.2 Entscheidungstheoretische Ansätze 23

        2.1.3 Systemtheoretische Ansätze 23

        2.1.4 Neue Institutionenökonomik 25

            2.1.4.1 Theorie der Verfügungsrechte (Property Rights-Ansatz) 27

            2.1.4.2 Transaktionskosten-Theorie 28

            2.1.4.3 Prinzipal-Agent-Theorie 29

    2.2 Verständnis von „Organisation" 31

    2.3 Merkmale von „Organisation" 32

    2.4 Organisation, Disposition und Improvisation 33

    2.5 Über- und Unterorganisation 34

3 Systemelemente der Organisation 38

    3.1 Aufgabe 38

        3.1.1 Typologien von Aufgaben der öffentlichen Verwaltung 38

        3.1.2 Aufgaben und Aufgabenwandel der Sozialwirtschaft 40

    3.2 Sachmittel 41

    3.3 Informationen 43

    3.4 Mensch 45

        3.4.1 Der Mensch als Aufgaben- und Leistungsträger 45

        3.4.2 Leistungspotential, -fähigkeit, -disposition, -bereitschaft 45

        3.4.3 Konzeptionen von Motivation und Leistungsbereitschaft 48

            3.4.3.1 Bedürfnispyramide nach Maslow 50

            3.4.3.2 Die „Zwei-Faktoren-Theorie" nach Herzberg 52

            3.4.3.3 Erwartungs-Valenz-Modell (VIE Theorie) 54

3.4.4   Anreiz und Leistung in Sozialwirtschaft und öffentlichen Dienst 56
    3.4.4.1   Grundlagen 56
    3.4.4.2   Leistungsprinzip 56
    3.4.4.3   Tarifvertrag für den öffentlichen Dienst – TVöD 60
    3.4.4.4   Kritische Anmerkung zur Leistungsvergütung 64

4   Die Stelle als Organisationsobjekt 66

4.1   Überblick: Von der Aufgabenanalyse zur Aufbauorganisation 66

4.2   Grundlagen der Stellenbildung 67
    4.2.1   Charakteristika von „Stellen" 67
    4.2.2   Allgemeine Kriterien für die Stellenbildung 68
    4.2.3   Zuordnung von Kompetenz- und Verantwortung 70

4.3   Aufgabenanalyse 72
    4.3.1   Grundlagen der Aufgabenanalyse 72
    4.3.2   Gliederungskriterien der Aufgabenanalyse 74

4.4   Aufgabensynthese - Aufbauorganisation 82

4.5   Die Stellenbeschreibung 83

4.6   Stellenbewertung 84
    4.6.1   Einführung und Überblick 84
    4.6.2   Verfahren der Stellenbewertung 85
      4.6.2.1   Summarisch: Rangfolgeverfahren 87
      4.6.2.2   Summarisch: Katalog- und Lohngruppenverfahren 87
      4.6.2.3   Analytisch: Rangreihenverfahren 89
      4.6.2.4   Analytisch: (Stufen-) Wertzahlverfahren 92
      4.6.2.5   Bewertung von Beamtenstellen (nach KGST) 92

4.7   Stellenbemessung 94
    4.7.1   Politisches / Konzeptionelles Verfahren 94
    4.7.2   Empirisch-summarisches Verfahren 95
    4.7.3   Analytisches Verfahren 95

5   Aufbauorganisation 100

5.1   Grundlegende Feststellungen 100
    5.1.1   Darstellung der Aufbauorganisation 100
    5.1.2   Instanzenaufbau 101
    5.1.3   Grundsätze der Gestaltung der Aufbauorganisation 102

5.2   Verrichtungs- bzw. funktionsorientierte Organisationsstruktur 105

5.3   Objektorientierte bzw. divisionalisierte Organisationsstruktur 107

5.4   Stab- Linien -Organisation 109

5.5   Ein-und-Mehr-Linien-Organisation 112

5.6   Matrixorganisation 114

5.7   Netzwerkorganisation 116

5.8   Ergänzende Organisationstypen 117
    5.8.1   Projektorganisation 118
      5.8.1.1   Grundlagen 118
      5.8.1.2   Stabs-Projektorganisation 120

5.8.1.3   Matrix-Projektorganisation 121
5.8.1.4   Reine Projektorganisation.. 122
5.8.2   Koordination durch Arbeitsgruppen 123
5.8.3   „Linking Pin".. 124
5.9   Dokumentation der Aufbauorganisation 125
5.10   Organisation und das Lebenslagenkonzept 128

6   Ablauf- und Prozessorganisation 130

6.1   Grundlagen 130
6.2   Grundlagen des Denkens in Prozessen 131
6.3   Arten von Prozessen 133
6.4   Bewertung und Beurteilung von Prozessen....................135
6.5   Ausgewählte Techniken der Organisationslehre 137
    6.5.1   Techniken der Erhebung 137
        6.5.1.1   Dokumentenanalyse /-studium 138
        6.5.1.2   Fragebogen 139
        6.5.1.3   Die Befragung (schriftlich, mündlich) 140
        6.5.1.4   Das Laufzettelverfahren 141
        6.5.1.5   Die Dauerbeobachtung....................................143
        6.5.1.6   Die Multimomentaufnahme...............................143
        6.5.1.7   Die Selbstaufschreibung 145
    6.5.2   Techniken der Darstellung 147
        6.5.2.1   Balkendiagramm Techniken 147
        6.5.2.2   Arbeitsablaufdarstellung.................................150
        6.5.2.3   Block- bzw. Flussdiagramm-Technik.................. 153
        6.5.2.4   Netzplantechnik 155
    6.5.3   Techniken der Lösungssuche 159
        6.5.3.1   „Brainstorming"...160
        6.5.3.2   „Brainwriting" - Methode 6-3-5 161
    6.5.4   Technik der Bewertung von Alternativen - Nutzwertanalyse 162

7   Bereichsübergreifende Konzeptionen 168

7.1   Das Neue Steuerungsmodell 168
7.2   Management des organisatorischen Wandels (Change Management) 172
    7.2.1   Einführung...172
    7.2.2   Grundkonzeptionen des Wandels...............................173
    7.2.3   Grundzüge   der   Organisationsgestaltung   und
             Organisationsuntersuchung....................................174
    7.2.4   Grundzüge der Organisationsentwicklung 177
7.3   Qualitätsmanagement 179
    7.3.1   Verständnis von „Qualität" 179
    7.3.2   Qualitätsbegriff 180
    7.3.3   Umfassende   Qualitätsmanagement-Konzeptionen: TQM,   EFQM
             und CAF... 182
7.4   Wissensmanagement und Lernende Organisation 185

Literaturverzeichnis 187

1 Einführung

1.1 Konzept und Ziel dieses Buches

Die vorliegende Ausarbeitung befasst sich mit elementaren Grundlagen der Organisationslehre.

Der Grundgedanke besteht darin – dem Titel folgend – die Inhalte möglichst „kompakt" aufzubereiten und so dem Leser eine überblicksartige Einarbeitung in das Thema zu ermöglichen.

Vor diesem Hintergrund soll diese Schrift vor allem dazu dienen, die während der Vorlesung vermittelten Inhalte noch einmal in einer alternativen Form nachzulesen und zu festigen. Daneben soll die bewusst gestraffte Darstellung und Formulierung auch der Prüfungsvorbereitung dienen und entsprechend eine zügige Wiederholung ermöglichen.

1.2 Sozialwirtschaft, Sozialmanagement und Öffentliche Betriebswirtschaft

Das vorliegende Buch behandelt die Organisationslehre für das so genannte Sozialmanagement und somit grundsätzlich aus einer betriebswirtschaftlichen bzw. managementorientierten Grundperspektive heraus. Es bietet sich daher an, zu Anfang zunächst einen kurzen Überblick über relevante Zusammenhänge der Betriebswirtschaftslehre zu gewinnen, wie sie sich für Fragestellungen der Sozialwirtschaft und öffentlichen Sektors präsentieren.[1]

1.2.1 Historische Bezüge

Betriebswirtschaftslehre, wie sie heute weitgehend betrieben wird, ist überwiegend eine wissenschaftliche Disziplin, die sich mit den Herausforderungen von Betrieben mit Erwerbscharakter bzw. Gewinnorientierung befasst. Dabei rücken solche Betriebe, deren primäres Anliegen nicht darin besteht, Überschüsse zu erwirtschaften vielfach in den Hintergrund.

Im weiteren Sinne sind damit Betriebe angesprochen, die so genannte öffentliche Aufgaben wahrnehmen und die insofern im engeren Erkenntnisinteresse der Öffentlichen Betriebswirtschaftslehre (ÖBWL) stehen.

Die Ursprünge der ÖBWL liegen in den *Kameralwissenschaften*. Diese befassten sich vorrangig mit der Staatswirtschaft, insbesondere mit den Bereichen Haushalte und Einkünfte des Fürsten/des Staates, der Finanzverwaltung und -politik sowie mit allgemeiner Verwaltung ("Polizeysachen") und

---

[1] Vgl. folgend und dort ausführlicher Mroß (2007)

nicht zuletzt „Oekonomiesachen", wie „land- und forstwirtschaftliche Domänen, Bergwerke, Manufakturen für Porzellan, Tuch, Papier und Waffen, Münzanstalten sowie Handel."[2]

Der Kern und das eigentliche Anliegen der Kameralwissenschaften des 17. und 18. Jahrhunderts lässt sich mithin in der Sicherstellung der Finanzierung der Bedürfnisse der fürstlichen Ausgaben erkennen. Mit dem zunehmenden Bedeutungsverlust des Merkantilismus und dem Fortschreiten von i.w.S. marktwirtschaftlichen Wirtschaftsordnungen, verloren die Kameralwissenschaften um die Wende vom 18. zum 19. Jahrhundert an Bedeutung. Während ein Großteil der kameralwissenschaftlichen (Forschungs-) Aktivitäten sich volkswirtschaftlichen Problemstellungen zuwandte, blieb insbesondere das kameralistische Rechnungswesen bis in die Neuzeit, mit Modifikationen versehen, bis heute z.B. auf kommunaler Ebene in Form der so genannten erweiterten Kameralistik erhalten.

Im Zuge der Erstellung von Bilanzen für Städte und Gemeinden, wie sie im Rahmen des neuen kommunalen Rechnungswesens geschieht, wird jedoch auch dieser Bereich zusehends verdrängt und von der Doppik ersetzt.

In fortgesetzter Tradition der Kameralistik, auf die Regulierung und Ordnung der finanziellen Rahmenbedingungen des Staates hin ausgerichtet zu sein, widmet sich die ÖBWL den so genannten öffentlichen Aufgaben. Wie unten noch darzustellen ist, handelt es sich bei den Aufgaben, die durch die Sozialwirtschaft wahrgenommen werden im Regelfall ebenfalls um (abgeleitete) öffentliche Aufgaben.

1.2.2 Öffentliche Aufgaben zur Erfüllung kollektiver Bedürfnisse

Als öffentliche Aufgaben werden gemeinhin solche Angelegenheiten verstanden, deren Erledigung der (politisch vermuteten) Befriedigung kollektiver Bedürfnisse dient, wobei es unerheblich ist, in welcher Organisations- oder Handlungsform diese wahrgenommen werden.[3]

Insgesamt gilt es zu beachten, dass öffentliche Aufgaben immer auch ein Spiegel der politischen Macht- und Interessenslagen sind. Das heißt keine(!) Aufgabe stellt per se eine öffentlich wahrzunehmende dar, sondern sie wird durch den politischen Willen zu solch einer.

Zentrales Anliegen der ÖBWL ist die wirtschaftliche und wirksame Erfüllung der öffentlichen Aufgaben, wobei sich der Aufgabenträger sowohl privatrechtlicher als auch öffentlich-rechtlicher Handlungsformen bedienen kann.

---

[2] Vgl. Eichhorn (1989, Sp. 1070)
[3] Vgl. Erhardt (1989, Sp. 1004 f.)

Die Frage nach der Wirtschaftlichkeit der Erfüllung öffentlicher Aufgaben berührt damit Aspekte der Zuordnung, d.h. durch wen sollen öffentliche Aufgaben wahrgenommen werden als auch Aspekte der Art und Weise, d.h. wie produktiv und insbesondere wie wirtschaftlich können öffentliche Aufgaben durch alternativ mögliche Aufgabenträger und/oder Handlungsweisen erfüllt werden.

Die Frage nach der Wirtschaftlichkeit und der Wirksamkeit der Aufgabenerledigung dominiert die betriebswirtschaftliche Analyse der Wahrnehmung öffentlicher Aufgaben.

Insbesondere die in der erwerbswirtschaftlich geprägten Betriebswirtschaftslehre sonst so zentralen Kenngrößen von verschiedenen Formen der Rentabilität sind für die ÖBWL in vielen - nicht in allen - Bereichen nur bedingt tauglich.

1.2.3 Output vs. Outcome der Erfüllung öffentlicher Aufgaben

Produktivität und Wirtschaftlichkeit geben Auskunft über den Erfolg der eingesetzten Ressourcen im Rahmen des Leistungserstellungsprozesses und liefern insofern Informationen über das mengen- und wertmäßige Verhältnis von Input und Output.

Wird etwa die erbrachte Leistung (Output) ins Verhältnis zur Anzahl der Mitarbeiter gesetzt, erfährt man etwas über die Arbeitsproduktivität, mit der die betrachtete Institution ihre öffentliche Aufgabe erfüllt.

Zur Beurteilung der Erfüllung der jeweiligen öffentlichen Aufgabe wird jedoch regelmäßig auch die Wirkung (Outcome) der erbrachten Leistung mit zu berücksichtigen sein. So mag eine kommunale Beratungsstelle für suchterkrankte Menschen ihre Dienstleistung unter Produktivitäts- oder Wirtschaftlichkeitsbetrachtungen (z. B. Beratungsanzahl je Mitarbeiter) zufriedenstellend erbringen, führt der Output (die Beratungsgespräche) aber nicht auch zu einem hinreichenden Rückgang von z.B. Rückfallquoten etc., so liegt letztlich keine akzeptable Aufgabenerfüllung vor.

1.2.4 Der Betrieb als Instrument der öffentlichen Aufgabenerledigung

Öffentliche Aufgaben werden durch eine Reihe von Einrichtungen wahrgenommen, die sich je nach Erscheinungsform teils mehr, teils weiter mit der erwerbswirtschaftlichen Unternehmung vergleichen lassen.

Ausgehend vom Betriebsverständnis nach Erich Gutenberg bestehen die Gemeinsamkeiten darin, dass in erwerbswirtschaftlichen und gemeinwirtschaftlichen (öffentlichen) Betrieben gleichermaßen Produktionsfaktoren eingesetzt bzw. kombiniert werden. Des Weiteren gilt der Grundsatz der Wirtschaftlichkeit, der zum Beispiel auf kommunaler Ebene in den jeweiligen Gemeindeordnungen (z.B. § 75 (2) GO/NRW) explizit festgeschrieben ist.

Schließlich gilt für sämtliche Betriebsarten die Zielgröße, dass ein finanzielles Gleichgewicht (i.d.R. aus Gründen der Existenzsicherung) mindestens in der Form gegeben sein soll, dass Liquidität gegeben ist, das heißt der Betrieb seinen Zahlungsverpflichtungen nachkommen kann. Für die nicht konkursfähigen Einrichtungen der öffentlichen Hand finden sich entsprechende Regelungen - quasi als Äquivalent zur fehlenden Notwendigkeit der Existenzsicherung - in Rechtsvorschriften wieder.

So weisen Gemeindeordnungen z.B. die Kommunalverwaltungen an, dass den zu tätigen Ausgaben gleich hohe Einnahmen gegenüberstehen müssen (vgl. z. B. § 75, (3) GO/NRW). Auch für Einrichtungen der Sozialwirtschaft, selbst wenn diese sich als Nonprofit Organisation verstehen, muss ein hinreichender Gewinn erzielt werden, um diesen etwa für unvorhergesehene Ausgaben als Reserve bereitzuhalten.

1.2.5 Begriffs- und Abgrenzungsfragen der Sozialwirtschaft[4]

Sozialwirtschaft vs. Betriebswirtschaft

Die Betriebswirtschaftslehre befasst sich neben den privaten Unternehmen auch mit öffentlichen Verwaltungen und Unternehmen (Öffentliche Betriebswirtschaftslehre ÖBWL) sowie in geringerem Maße mit Nonprofit-Organisationen (NPO).

Eine betriebswirtschaftliche Betrachtung von Organisationen, die soziale Dienstleistungen erbringen, findet dabei i.d.R. entweder im Rahmen der Öffentlichen Betriebswirtschaft oder dem Nonprofit-Management statt.[5] Bei der Sozialwirtschaft handelt es sich jedoch um eine Drei-Sektoren-Ökonomie, die gerade auf der ökonomischen Mikroebene als Unternehmen, Verwaltung oder NPO unter zum Teil sehr verschiedenen Rahmenbedingungen angesiedelt ist. Sowohl die ÖBWL als auch die Lehre von NPO erfassen diesen Bereich daher unvollständig.

Entsprechend wird die Entwicklung einer eigenständigen Disziplin der Sozialwirtschaft und des Sozialmanagements eingefordert.[6] Weitgehend unbeachtet von der allgemeinen betriebswirtschaftlichen Forschung findet seit

---

[4] Der Inhalt dieses Unterabschnittes ist mit wenigen Änderungen übernommen aus Mroß (2012)

[5] Vgl. Eichhorn (2006)

[6] Vgl. z.B. Brinkmann (2010, 9); Wendt/Wöhrle (2007)

mehreren Jahren eine intensive Beschäftigung auf Hochschulebene mit betriebswirtschaftlichen Fragestellungen explizit in sozialwirtschaftlichen Organisationen statt, die im Regelfall nicht an wirtschaftswissenschaftlichen Fakultäten angesiedelt ist und die auch bzw. gerade von Nicht-Ökonomen geführt wird.[7] Während z.B. das Gabler Wirtschaftslexikon in seiner online-Version (Stand 27.02.2012) die Termini Sozialwirtschaft und –management nicht kennt, bietet bezeichnender Weise aber das Fachlexikon der sozialen Arbeit einen Definitionsvorschlag.[8]

Es stellt sich damit zunächst die Frage nach dem Gegenstand von Sozialwirtschaft/Sozialmanagement und weiter gefasst auch danach, ob sich abseits des allgemeinen betriebswirtschaftlichen Mainstreams eine Art Spezielle Betriebswirtschaftslehre, als Institutionenlehre für sozialwirtschaftliche Organisationen herauszubilden beginnt.

In den einschlägigen amtlichen Statistiken zur Erfassung der deutschen Volkswirtschaft findet sich ein Wirtschaftsbereich mit der Bezeichnung Sozialwirtschaft nicht. Begründet liegt die Problematik einer volkswirtschaftlich-statistischen Erfassung darin, dass sich die Sozialwirtschaft einer Einteilung in die üblichen Sektoren Staat, Unternehmen, private Haushalte entzieht und auch eine Hinzunahme des Nonprofit-Sektors das Zuordnungsproblem nicht vollends löst. Produkte bzw. Dienstleistungen – soziale Dienstleistungen – der Sozialwirtschaft werden sowohl von staatlichen Organisationen, von Nonprofit-Organisationen als auch von gewinnorientierten (Privat-) Unternehmen erbracht.

---

[7] Vgl. z.B. Brinkmann (2010(, Wendt/Wöhrle (2007), Schubert (2005), Wöhrle (2003), Arnold/Maelicke (2009), Finis Siegler (2009), Bellermann (2004)

[8] Wendt (2002, 918)

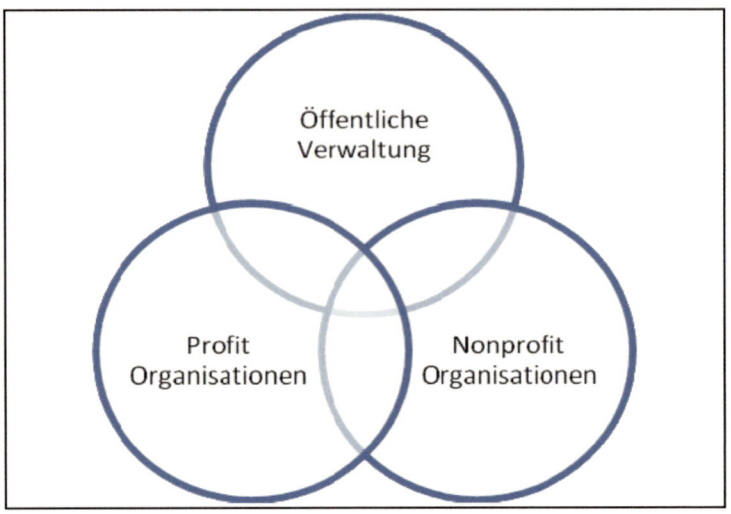

Abb. 1a: Drei-Sektoren-Ökonomie

(Quelle: Mroß 2012)

Wenn auch die Sozialwirtschaft zu großen Teilen dem Nonprofit-Sektor entspricht, so ist sie aber – auch bei Hinzunahme des öffentlichen Sektors – nicht identisch mit diesem, da z.B. auch Sportvereine oder Umweltschutzorganisationen zum Nonprofit-Sektor gehören. Organisationen der Sozialwirtschaft entstammen, neben den öffentlichen Verwaltungen z.B. als Jugend- oder Sozialamt, im Wesentlichen der so genannten freien Wohlfahrtspflege mit den Verbänden des Deutschen Caritasverbandes, des Diakonischen Werkes der Evangelischen Kirche, der Arbeiterwohlfahrt, des Paritätischen Gesamtverbandes, des Deutschen Roten Kreuzes sowie der Zentralwohlfahrtsstelle der Juden in Deutschland.

Innerhalb der freien Wohlfahrtspflege dominieren die Caritas (490.000 Beschäftigte) und die Diakonie (450.000) diesen Bereich. Sie stellen auch jeweils für sich allein genommen die größten privaten Arbeitgeber in Deutschland dar.[9] Hinzukommen noch ehrenamtliche bzw. freiwillige Mitarbeiter und weitere Personalkategorien. Daneben entwickelt sich seit Anfang der 1990er Jahre ein stetig wachsender Bereich privater, gewinnorientierter Anbieter von sozialen Dienstleistungen.[10]

Begriff der Sozialwirtschaft

---

[9]   Zimmer/et al. (2009, 130 f.)

[10]   Vgl. Pabst (2009)

Der Begriff der Sozialwirtschaft taucht in Deutschland erstmals 1970 auf, als sich die damalige Hilfskasse Bankgesellschaft mbH umbenennt in die Bank für Sozialwirtschaft.[11]

- Wöhrle spricht von Sozialmanagement, „...wenn sich das Management auf das Erbringen sozialer Dienstleistungen bezieht. Dabei ist es unerheblich, ob diese Dienstleistung in einem öffentlichen Träger, einem freien Wohlfahrtsverband, einem kleinen gemeinnützigen Verein oder einem gewerblichen, auf Profit orientierten Betrieb organisiert wird."[12]

- In einer variierten Begriffsverwendung soll von einem Management in der Sozialwirtschaft i.S.e. eigenständigen Sozialwirtschaftslehre gesprochen werden, wenn sozialpolitische, volkswirtschaftliche, rechtliche Zusammenhänge betont werden und das Management vor dem Hintergrund eines Marktes für soziale Dienstleistungen erbracht wird).[13] Begründet wird diese Differenzierung u.a. damit, dass bestimmte Managementfunktionen, wie z.B. das Qualitätsmanagement einen engeren Bezug zur so genannten Fachlichkeit Sozialer Arbeit aufweisen als andere, wie z.B. die Finanzierung oder das Controlling.[14]

Das Schrifttum zum Verständnis von Sozialmanagement bzw. vom Management in der Sozialwirtschaft ist heterogen und befindet sich noch in einem offenkundigen Selbstbestimmungsprozess.[15] Sektorale Abgrenzungsfragen ergeben sich vor allem zum Gesundheits- und Pflegesektor, die z.B. durch die großen Wohlfahrtsverbände, welche sich selbst auch als Sozialwirtschaft bezeichnen, ebenfalls mit abgedeckt werden. In einer weiteren Begriffsauffassung werden auch diese Sektoren unter den Terminus Sozialwirtschaft subsumiert. In einer engeren Begriffsauslegung erfolgt eine Begrenzung auf die Arbeitsfelder der Sozialen Arbeit (d.h. Sozialpädagogik und Sozialarbeit). Solche sind insbesondere die Kinder- und Jugendhilfe, Erziehungs- und Familienhilfe, soziale Altenarbeit/Altenhilfe, soziale Arbeit und Behinderung, soziale Benachteiligung, Armut/Ausgrenzung, um nur einige zu nennen.

Diese Abgrenzungsprobleme sind eng verbunden mit dem Verständnis des Produktes der Sozialwirtschaft, der so genannten sozialen Dienstleistung. Speziell die Kennzeichnung sozial ist dabei interpretationsbedürftig. Eine Anlehnung am Lateinischen socialis für gesellig oder gesellschaftliche ist

---

[11] Decker (1992, 33)
[12] Wöhrle (2003, 111)
[13] Wöhrle (2003, 11), Wendt (2002a)
[14] Vgl. Wöhrle (2003, 11)
[15] Wöhrle (2012)

wenig hilfreich, genauso wie die entsprechende Negation unsozial im Sinne einer moralisch negativ Charakterisierung kaum weiterhilft.[16] Der o.g. weiten Begriffsauffassung von Sozialwirtschaft entspricht ein Verständnis von sozialer (personenbezogener) Dienstleistung, wenn damit Dienste bezeichnet werden, „die Änderungen, Besserungen oder den Erhalt von Lebenslagen bezwecken sollen. Es handelt sich um Gesundheitsgüter, Pflegeleistungen, Arbeitsvermittlungen oder Jugendhilfeleistungen. ... [sie richten] sich auf zentrale körperliche, kognitive und soziale Funktionen von Gesellschaftsmitgliedern ...".[17] Solche Dienstleistungen können, müssen aber nicht unentgeltlich zur Verfügung gestellt werden, was der Begriff der Drei-Sektoren-Ökonomie impliziert.

Besonderheiten des Managements in der Sozialwirtschaft

Was die Eigenheiten von Organisationen der Sozialwirtschaft angeht, so unterscheiden sich Organisationen der Nonprofit Sozialwirtschaft nicht von den im Schrifttum zu NPO diskutierten Besonderheiten, wie beispielsweise dem speziellen Finanzierungsmix durch öffentliche Zuwendungen, Spenden, Stiftungen, Markterlöse etc., der vielschichtigen Personalstruktur in Form von bezahlten und unbezahlten Mitarbeitern, Angehörige von Orden etc..[18]

Die Diskussion um eine eigene Sozialwirtschaftslehre ist vor allem geprägt von der Rolle oder der Bedeutung der Betriebswirtschaft bzw. einer betriebswirtschaftlich geprägten Managementlehre. Zum Teil vehement wird gerade die Rolle einer i.e.S. speziellen Betriebswirtschaftslehre der Sozialwirtschaft, ähnlich einer Industrie- oder Bankbetriebslehre, von weiten Teilen der Fachdiskussion abgelehnt. Diese Ablehnung entspringt der Furcht vor einer Kolonialisierung und Infragestellung der Eigenständigkeit der Disziplin der Sozialen Arbeit und wird mit Schlagworten wie „Ökonomisierung" oder „Verbetriebswirtschaftlichung" versehen. Auf der anderen Seite erhoffen sich gerade praxisnahe Fachvertreter in Zeiten knapper öffentlicher Haushalte und im Angesicht der Erkenntnis, dass es sich bei den meisten sozialwirtschaftlichen Organisationen um konkursfähige Einrichtungen handelt, von der Anwendung betriebswirtschaftlicher Methoden, die Soziale Organisation überlebensfähig zu halten.[19]

Diese Diskussion spiegelt sich allerdings nicht unmittelbar in den Ausbildungsinhalten des Sozialmanagements, die sich im Kern wenig von denen

---

[16]   Vgl. Mroß (2009a, 99 f.)
[17]   Bellermann (2004, 155)
[18]   Vgl. z.B. Fleßna (2009), Mroß (2009), Halfar (1999)
[19]   Wöhrle (2012, 3ff.)

der Betriebswirtschaft unterscheiden. Typische Inhalte sind z.B.:[20] Strategische (Sozial-)Planung, Sozialinformatik, Aufbau- und Ablauforganisation, Personalmanagement, Sozialmarketing, Controlling, Rechnungswesen.

Der eigentliche konzeptionelle Spagat liegt in der Ausgestaltung einer überbetrieblichen Zielorientierung, die für die alle Arten sozialwirtschaftlicher Betriebe gelten könnte. In Nonprofit Organisationen dominiert die Effektivität (Wirksamkeit) als Grad der sozialen Zielerreichung, wobei auch in diesen Fällen ein Mindestniveau an Effizienz als Grad der wirtschaftschlichen Zielerreichung nicht unterschritten werden darf. Bei Profit Organisationen hingegen verhält es sich prinzipiell umgekehrt, so dass hier dann ein Mindestmaß an sozialer Zielerreichung einzuhalten ist. Vorhandene Managementsysteme vermögen diese im Grunde paradoxe Zielkonstellation bisher nicht zu lösen, wenn sie für alle Arten von sozialwirtschaftlichen Organisationen anwendbar sein sollen.

Entwicklungsstand der Sozialwirtschaft

Die Literatur zum Sozialmanagement bzw. der Sozialwirtschaft weist inzwischen einen beachtlichen Umfang auf. Bemerkenswert ist dabei vor allem, dass diese zu großen Teilen stark betriebswirtschaftlich ausgerichteten Beiträge aber in Buchverlagen und Zeitschriften vor allem abseits der üblichen Publikationskanäle der Betriebswirtschaft veröffentlicht werden. So publizieren gerade auch (sozial-) pädagogisch ausgerichtete Fachverlage beispielsweise Beiträge zur Kostenrechnung, zum Controlling oder Finanzierung.[21] Im Nomos Verlag ist mittlerweile bereits in der 3. Auflage das über 800 Seiten starke Lehrbuch der Sozialwirtschaft[22] und eine Vielzahl anderer Lehrbücher und Fachmonographien zu betriebswirtschaftlichen Funktionen mit Bezug auf die Sozialwirtschaft erschienen. Allerdings ist auch im wirtschaftswissenschaftlich ausgerichteten Gabler Verlag 2010 ein Lehrbuch Sozialwirtschaft erschienen.[23]

In der Hochschullandschaft – vorwiegend, aber nicht nur, an Fachhochschulen – sind Professuren für Sozialmanagement meist an Fakultäten für Angewandte Sozialwissenschaften fest verankert und verbreitet. Entsprechend bestehen im deutschen Sprachraum über 100 Studiengänge Sozialmanagement/Sozialwirtschaft sowohl auf Bachelor als auch auf Masterniveau.[24]

---

[20] Vgl. z.B. Tube (2002, 896)
[21] Vgl. z.B. Schellberg (2002), Bachert/Pracht (2004), Kolhoff (2002)
[22] Vgl. Arnold/Maelicke (2009)
[23] Vgl. Brinkmann (2010)
[24] Boeßenecker/Markert (2011)

Mit der Bundesarbeitsgemeinschaft Sozialmanagement/Sozialwirtschaft (BAG SMW e.V.) existiert seit 1997 eine Vereinigung von Lehrenden und Forschenden von Universitäten und Fachhochschulen auf dem Gebiet in Deutschland, während die Internationale Arbeitsgemeinschaft Sozialmanagement/Sozialwirtschaft (INAS) Forscher und Lehrende international repräsentiert.

Schließlich bestehen auch an wissenschaftlich interessierte Fachpraktiker gerichtete Vereinigungen, wie die Deutsche Gesellschaft für Management und Controlling in der Sozialwirtschaft e.V. (DGCS), die sich mit klarer betriebswirtschaftlicher Ausrichtung als ein Bindeglied zwischen Wissenschaft und Praxis versteht.

1.3 Kommunale (Sozial-)Verwaltung

1.3.1 Organisation der Gemeinden und Kreise

Ein Großteil von so genannten „Sozialen Dienstleistungen" wird wie es auch das oben eingeführte Drei-Sektoren-Modell skizziert durch öffentliche Stellen, in der Regel auf kommunaler Ebene durch die Sozialverwaltung (z.B. Sozialamt, Jugendamt) erbracht. Es ist daher sinnvoll einen Blick in die Struktur und die Organisation der Kommunalverwaltung zu werfen.

Kommunale Aufgaben werden i.d.R. auf der Ebene der Gemeinde erbracht.

Unter einer Gemeinde kann man eine von außen erkennbare Gemeinschaft der Einwohner und ihrer Bürger verstehen, die das Gemeindegebiet erfasst und der die Organe der Gemeinde und ihrer Untergliederungen untergeordnet sind. Die Gemeinde ist die den Ländern eingegliederte unterste Stufe in der Hierarchie der öffentlichen Gebietskörperschaften.[25] Zwei Arten von Gemeinden gilt es zu unterscheiden:

---

[25] Vgl. hierzu und folgend Vogelsang/et al. (2005, 89 ff.)

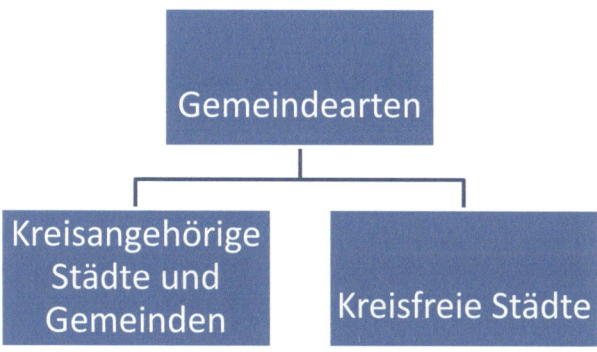

Abb. 1b: *Arten von Gemeinden*

(Quelle: Eigene)

Aufgrund ihrer geringeren – größenbedingten - Verwaltungskraft sind kreisangehörige Städte und Gemeinden meist nicht in der Lage, sämtliche öffentlichen Aufgaben allein zu übernehmen. Sie sind daher verwaltungsmäßig einem Landkreis zugeordnet.

Die Landkreise übernehmen somit (nur) diejenigen Aufgaben, die die Leistungsfähigkeit der Gemeinden übersteigen sowie alle überörtlichen Aufgaben. Die Kreisstadt stellt regelmäßig das politische und wirtschaftliche und auch kulturelle Zentrum des Kreises dar, in der auch ein Großteil der Bevölkerung des Gesamtkreises lebt. In der Kreisstadt haben die Kreisverwaltung und der Kreistag ihren Sitz.

Unterhalb des Gemeindebegriffs finden sich als rechtlich unselbständige Bestandteile von Gemeinden die Stadt- und Gemeindebezirke, Ortsteile sowie Ortsbezirke.

Kreisfreie Städte nehmen alle ihr obliegenden öffentlichen Aufgaben als Gemeinden auf ihrem Gemeindegebiet in dem Sinne selbständig wahr, dass sie in keinen Landkreis eingegliedert sind.

Des Weiteren nehmen sie auch alle Aufgaben wahr, die (ansonsten) dem Landkreis zugeordnet wären. Kreisfreie Städte müssen über eine bestimmte Einwohneranzahl und Verwaltungskraft verfügen, um diese Aufgaben wahrnehmen zu können.

In NRW wird z.B. regelmäßig von einer Mindesteinwohnerzahl von 200.000 ausgegangen, während etwa in Bayern bereits 30. – 50.000 Einwohner als ausreichend angesehen werden.

In Deutschland sind den Gemeinden eine Reihe von Rechten und Befugnissen übertragen worden, um ihre internen Angelegenheiten weitgehend selbstständig zu regeln:

- *Personalhoheit*: Das Recht, eigenes Personal auszuwählen, anzustellen, zu befördern und zu entlassen.

- *Organisationshoheit*: Das Recht, die eigene Verwaltungsorganisation zu gestalten

- *Planungshoheit*: Das Recht, Bauleitpläne, d.h. Flächennutzungs- und Bebauungspläne in eigener Verantwortung aufzustellen, um damit das Gemeindegebiet zu ordnen und zu gestalten.

- *Rechtsetzungshoheit*: Das Recht, kommunale Satzungen zu erlassen.

- *Finanzhoheit*: Das Recht, ihre Einnahmen und Ausgaben eigenverantwortlich zu bewirtschaften.

- *Steuerhoheit*: Das Recht, eigene Steuern zu erheben, soweit dieses Recht nicht wieder durch übergeordnete Gesetze rückgängig gemacht wurde.

1.3.2 Interner Verwaltungsaufbau

Hinsichtlich der Frage, wie sich die Verwaltung intern organisiert, ist diese in ihrer Entscheidung weitgehend frei. In der Verwaltungspraxis finden sich vor allem zwei Erscheinungsformen:

- Zwei-Stufiger Verwaltungsaufbau

- Drei-Stufiger Verwaltungsaufbau

Im Falle des Zwei-Stufigen Verwaltungsaufbaus befindet sich auf der Ebene unterhalb der obersten Verwaltungsleitung, etwa dem Bürgermeister, direkt die Ämterebene. Diese Form eignet sich insbesondere für Verwaltungen von kleinerer bis mittlerer Größe, mit einer überschaubaren Anzahl und Größe von Ämtern.

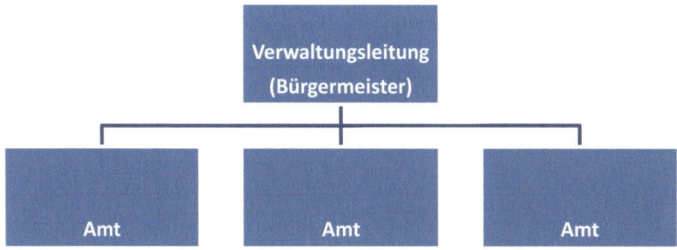

Abb. 2: *Zwei-Stufiger Verwaltungsaufbau*

(Quelle: Eigene)

Von einer bestimmten Größe an wird sich für den Zwei-Stufigen Verwaltungsaufbau, insbesondere für die oberste Verwaltungsleitung, ein Steuerungsproblem stellen, in dem die zu koordinierenden Einzelfragen auf dieser Ebene ein Maß annehmen, das die individuelle Leistungsfähigkeit übersteigt.

In diesem Fall bietet es sich mit der Dezernatsebene an, eine Hierarchiestufe zwischenzuschalten und damit den Abstimmungsaufwand für die oberste Verwaltungsleitung zu reduzieren, da der Großteil der Koordinationsaufgaben auf die Dezernatsebene übertragen wird.

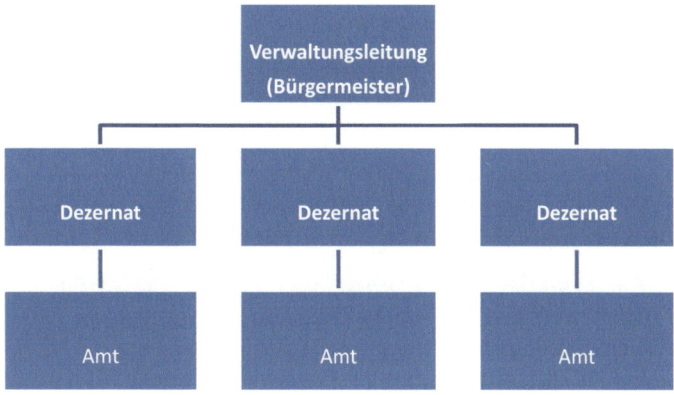

Abb. 3: *Drei-Stufiger Verwaltungsaufbau*

(Quelle: Eigene)

1.3.3 Organe der Gemeinde

Die Organisation der Gemeinden beruht auf zwei Organen:

- Der Gemeinde-/Stadtrat

- Das Verwaltungsorgan, z.B. in NRW verkörpert durch den (Ober-) Bürgermeister

Als „Quasi-Parlament" stellt der Rat die gewählte Vertretung der Gemeinde dar. Jedoch stellt es *kein* echtes Parlament dar – sondern ist, trotz der Befugnis Recht/Satzungen zu erlassen, als Verwaltungsorgan ein Teil der Exekutive.

---

§ 40 GO/NRW

(1) Die Verwaltung der Gemeinde wird ausschließlich durch den Willen der Bürgerschaft bestimmt.
(2) Die Bürgerschaft wird durch den Rat und den Bürgermeister vertreten. Die Vertretung und Repräsentation des Rates obliegt dem Bürgermeister (in kreisfreien Städten: Oberbürgermeister). Den Vorsitz im Rat führt der Bürgermeister. Der Bürgermeister hat im Rat das gleiche Stimmrecht wie ein Ratsmitglied. Bei den gesetzlichen Anforderungen an die Beschlussfähigkeit, die Antragsvoraussetzungen und bei der Mehrheitsbildung ist der Bürgermeister wie ein Ratsmitglied zu berücksichtigen. ...

Abb. 4: *§ 40 Gemeindeordnung NRW (Auszug)*

- Der Rat der Gemeinde ist für alle Angelegenheiten der Gemeindeverwaltung zuständig, soweit die Gemeindeordnung nichts anderes bestimmt.

- Nach § 62 GO/NRW ist der Bürgermeister ein kommunaler Wahlbeamter. Er ist verantwortlich für die Leitung und Beaufsichtigung des Geschäftsgangs der gesamten Verwaltung.

- Er leitet und verteilt die Geschäfte. Dabei kann er sich bestimmte Aufgaben vorbehalten und die Bearbeitung einzelner Angelegenheiten selbst übernehmen. In der Praxis wird dieses beispielsweise dadurch deutlich, dass Mitarbeiter der Verwaltung offizielle Schreiben stets mit dem Zusatz „im Auftrag" unterzeichnen. Damit wird deutlich, dass sie letztlich im Auftrag des Bürgermeisters handeln.

- Eine weitere wichtige kommunale Einrichtung stellt der Verwaltungsvorstand dar.

- Der Verwaltungsvorstand setzt sich regelmäßig zusammen aus dem Bürgermeister als Vorsitzenden, dem Kämmerer und den Beigeordneten, soweit diese bestellt wurden. Der Verwaltungsvorstand wirkt etwa mit bei:

  o Grundsätzen der Organisation und der Verwaltungsführung
  o Planung von Verwaltungsaufgaben mit besonderer Bedeutung
  o Aufstellung des Haushaltsplanes, wobei die Rechte des Kämmerers unberührt bleiben.
  o Grundsätzen der Personalführung und der Personalverwaltung.

1.3.4 Alternativen der Gesamtorganisation und Rechtsformwahl

Der öffentlichen Verwaltung stehen eine Reihe von Organisations- bzw. auch Betriebsformen zur Verfügung, derer sie sich zur konkreten Aufgabenerledigung bedienen kann.

Formal-juristisch gesehen handelt es sich um Fragen der Rechtsformwahl, wobei nicht alle möglichen Ausprägungen für alle Arten von öffentlichen Aufgaben zur Verfügung stehen. Zum Teil ist die Betriebsform bzw. die Rechtsform auch gesetzlich vorgegeben.

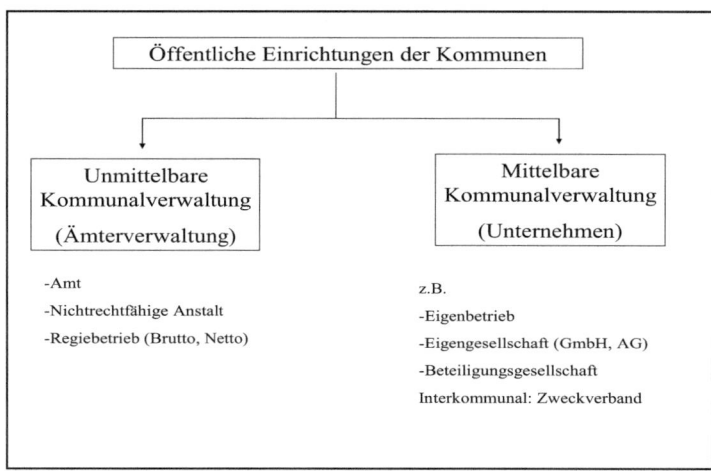

Abb. 5a: Überblick – Öffentliche Einrichtungen der Kommunen

(Quelle: Cronauge 1997)

Die Abbildung zeigt einen Überblick über die Spannweite von Möglichkeiten, die der öffentlichen Verwaltung grundsätzlich offen stehen.

1.4 Privatisierung

Nicht alle denkbaren öffentlichen Aufgaben werden heute (mehr) von Organisationen der öffentlichen Verwaltung *im engen Sinne* wahrgenommen. Verbreitet ist auch die so genannte Privatisierung von öffentlichen Aufgaben.

Unter Privatisierung kann die Übergabe oder Umwandlung von öffentlichen Verfügungsrechten in private Rechtsformen verstanden werden, so dass insbesondere, was die bloße Umwandlung in eine privatrechtliche Organisationsform (z.B. GmbH) angeht, auf die bereits oben gemachten Ausführung hingewiesen werden kann.

Allgemein kann Privatisierung sich in mehreren Ausprägungen vollziehen:

- formelle Privatisierung meint die Umwandlung eines öffentlich-rechtlichen Betriebes in eine private Rechtsform, s.o. In diesem Fall bleibt die öffentliche Verwaltung i.d.R. als Gesellschafterin Träger der geschaffenen Organisation.

- funktionale Privatisierung stellt genau genommen ein Unterfall der formellen Privatisierung dar. Der Vollzug der übertragenen Aufgaben wird einem privaten Anbieter übertragen, wobei jedoch die öffentliche Verwaltung die Zuständigkeit und Verantwortung für die Aufgabe beibehält.

- materielle bzw. echte Privatisierung liegt vor, wenn die Aufgabe vollständig aus der öffentlichen Verwaltung in die privatwirtschaftliche Aufgabenerledigung abgegeben wird. I.e.S. verliert die jeweilige Aufgabe in diesem Fall die Eigenschaft eine „öffentliche" darzustellen.

Von diesen Ausprägungen der Privatisierung im eigentlichen Sinne sind die Termini des Outsourcing und des Contracting Out zu unterscheiden.

- Der Begriff *Outsourcing* steht für „Outside Resource Using". In diesem Falle stellt die öffentliche Verwaltung zwar weiterhin letztlich das Endprodukt zur Verfügung, jedoch werden bestimmte Vor- oder Teilleistungen von externen Anbietern ein- bzw. hinzugekauft.

  Aus dem allgemeinen Wirtschaftsleben ist diese Handlungsweise gut bekannt, wenn man z.B. bedenkt, dass etwa die Automobilproduktion niemals vollständig in einer einzigen Fabrik erfolgt, sondern eine Vielzahl von Zulieferern Teilprodukte anfertigen.

- Das *Contracting Out* meint eine vollständige Abgabe der Leistungserstellung an einen privaten Anbieter. Diese privaten Anbieter werden folglich vertraglich verpflichtet, Verwaltungsaufgaben zu erfüllen und den Bürger mit speziellen Verwaltungsleistungen zu versorgen, so werden z.B. eigene Forstämter abgeschafft oder eigene Sozialstationen aufgegeben.[26]

Über das Subsidiaritätsprinzip verankert erbringt die Kommunalverwaltung insbesondere auch soziale Aufgaben häufig nicht selbst, sondern beauftragt damit so genannte „freie Träger". Aus der Perspektive der öffentlichen Verwaltung stellt die Erbringung von Sozialen Dienstleistungen durch die Freie Wohlfahrtspflege damit genau genommen, etwas unscharf gesprochen - auch eine Form der Privatisierung dar.

Freie Träger, wie die AWO, die Caritas etc. besitzen einen Rechtsanspruch auf Beteiligung und Förderung ihrer Arbeit durch die öffentliche Hand. Die Kommune soll nach § 5 Abs.4 SGB XII von der Durchführung eigener (sozialer) Maßnahmen absehen, wenn die betreffende Leistung im Einzelfall durch die freie Wohlfahrtspflege erbracht wird. Dabei soll die Kommunalverwaltung von der Neuerschaffung von sozialen Einrichtungen absehen, wenn dazu geeignete Einrichtungen anderer, also privater freier, Träger vorhanden sind, ausgebaut oder geschaffen werden können.[27] Eine neue Einrichtung z.B. der Jugendhilfe soll die Gemeinde folglich nur dann selbst neu schaffen, wenn private, freie Träger daran kein Interesse zeigen bzw. nicht geeignet sind.

1.5 Sozialwirtschaft

Im allgemeinen Sprachgebrauch wird der Begriff der Sozialwirtschaft in der Regel auf die Einrichtungen und Dienst der „Freien Wohlfahrtspflege" angewandt.

Wenn diese Eingrenzung auch rein quantitativ gut nachvollziehbar ist, so gilt es doch darauf hinzuweisen, dass sich in Deutschland seit Jahren ein stetig wachsender Bereich von gewinnorientierten Anbietern der Sozialwirtschaft entwickelt. Dieser Bereich ist auch zunehmend organisiert, wie etwa durch:

- VPK   Bundesverband privater Träger der Kinder-, Jugend- und Sozialhilfe e.V.

- bpa   Bundesverband privater Anbieter sozialer Dienstleistungen e.V.

Die Anbieter der Freien Wohlfahrtsverbände finden sich in Deutschland organisiert in sechs so genannten Spitzenverbänden der Freien Wohlfahrtspflege, die sich wiederum bundesweit zu einer Arbeitsgemeinschaft zusammengeschlossen haben.

---

[26]   Vgl. Brede (2005, 42)
[27]   Vgl. § 75 SGB XII zum Beispiel i.V.m. § 4, Abs. 2 SGB VIII.

- Die Arbeiterwohlfahrt AWO

- Der Deutscher Caritasverband DCV

- Das Deutsche Rote Kreuz DRK

- Der Deutsche Paritätische Wohlfahrtsverband DPWV

- Das Diakonische Werk der evangelischen Kirche

- Die Zentrale Wohlfahrtsstelle der Juden ZWST

Als (Rechts-) Träger von Diensten und Einrichtungen treten die jeweiligen Spitzenverbände – wenn auch im Einzelnen unterschiedlich – seltener in Erscheinung.

Der Termini Einrichtung und Einrichtungsträger bzw. synonym: *Rechtsträger* werden im privaten Nonprofit Bereich weitgehend feststehend verwendet. Unter *Einrichtungen* sind nach § 17 Abs. 1 BSHG die organisatorischen Einheiten zu verstehen, in denen die sozialen Dienste bereitgestellt werden. Es werden danach stationäre, teilstationäre, ambulante und sonstige Dienste unterscheiden. *Einrichtungsträger* (syn. Rechtsträger) bezeichnet eine zumeist juristische Rechtsperson (Unternehmen), die die Einrichtungen und Dienste ... juristisch, wirtschaftlich, fachlich und organisatorisch verantwortet.[28]

Im Regelfall sind es auch die Einrichtungsträger/Rechtsträger, die im Zuge des oben beschriebenen Subsidiaritätsprinzips für die kommunale Sozialverwaltung als Erbringer der Sozialen Dienstleistung fungiert.

Konkrete Einrichtungen, d.h. Altenheime, Krankenhäuser, Jugendzentren, Kindergärten, etc. finden sich regelmäßig in der Rechtsträgerschaft von lokalen Ausprägungen, wie etwa Orts-Caritasverbände (z.B. Caritasverband Köln e.V.), bzw. –Diakonie etc.

Als solches treten dann auch allein diese Ausprägungen z.B. den Mitarbeitern gegenüber als Arbeitgeber, Kreditgebern gegenüber als Schuldner oder öffentlichen Kostenträgern gegenüber als Verhandlungspartner auf.

Um ein Beispiel zu bleiben, kann etwa ein Orts-Caritasverband der (Rechts-) Träger von mehreren Altenheimen, Einrichtungen der Jugendhilfe, Kindergärten oder eines ambulanten Pflegedienstes usw. sein.

Das einzelne Altenheim, der einzelne Kindergarten etc. als solcher ist als bloße soziale *Einrichtung* nicht rechtsfähig. Allein der Orts-Caritasverband ist in dem hier gewählten Beispiel als wirtschaftlicher Akteur zu begreifen (Einrichtungsträger), während die angeschlossenen Einrichtungen in der Ge-

---

[28] Meyer (1999, 13 f.)

samtabrechnung des Ortsverbandes quasi Status einer Kostenstelle einnehmen.

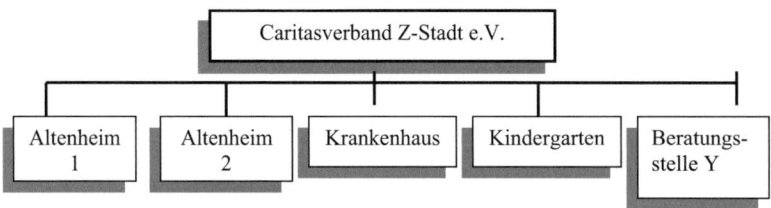

Abb. 5b *Aufbau eines örtlichen Unternehmens der Sozialwirtschaft (Beispiel)*

(Quelle: Eigene)

2 Grundlagen und -begriffe der Organisation

2.1 Sichtweisen der Organisation

Organisationen finden sich aus vielfältiger Perspektive im Mittelpunkt von wissenschaftlichen Betrachtungen.

Dabei interessiert sich etwa ein Soziologe für andere Aspekte *in* oder *von* Organisationen als ein Psychologe, ein Betriebswirt oder Pädagoge. So könnte es z.b. für den Soziologen interessant sein zu erkunden, wie sich Organisationen als soziale Gebilde entwickeln, ob sie Verhaltensweisen an den Tag legen, die sie von anderen Organisationen unterscheiden.

Für den Betriebswirt könnten dagegen andere Fragen im Mittelpunkt stehen, etwa derart, wie Abläufe innerhalb der Organisation erfolgen müssten, wenn sie möglichst ressourcensparend ablaufen sollen.

Eine Folge dieser unterschiedlichen Blickweisen auf Organisation führt u.a. dazu, dass es die *eine* Organisationstheorie nicht gibt und auch nicht geben kann.[29] Aus dem breitem Spektrum organisationstheoretischer Ansätze (s. Abbildung 6) sollen im Weiteren einige besonders prägnante Beispiele in ihren Grundzügen dargestellt werden.[30]

---

[29] Ein guter Überblick über Organisationstheorien findet sich z.B. bei Kieser (1999).
[30] Die Ausführungen basieren auf Gourmelon/Mroß/Seidel (2011)

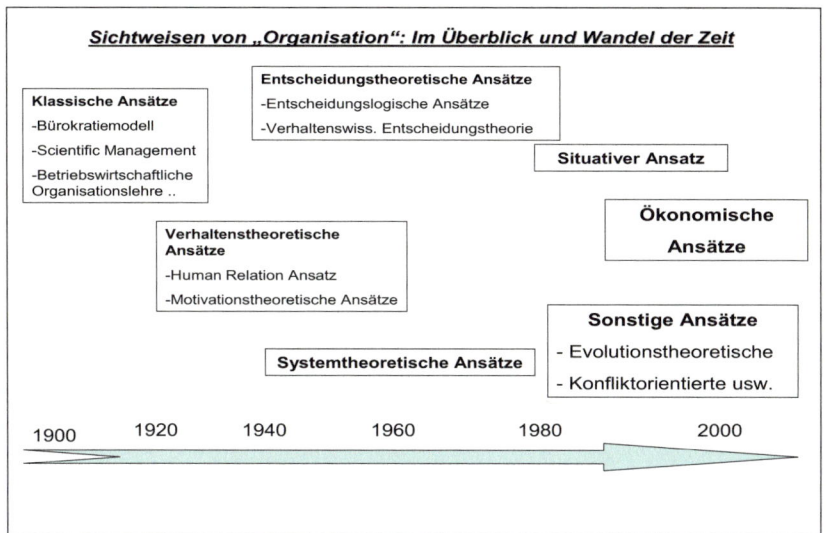

Abb. 6: Organisationstheoretische Ansätze

(Quelle: Vahs 2005, 24, verändert.)

2.1.1 Bürokratiemodell nach Weber

Max Weber (1864-1920) entwickelt um die Jahrhundertwende des vergangenen Jahrhunderts einen ersten theoretischen Ansatz der Organisationslehre. Zentral war dabei für ihn die Frage, wie in der Gesellschaft, in Unternehmen und Verwaltungen Herrschaft ausgeübt wird. In seinem Werk „Wirtschaft und Gesellschaft" – auch heute noch ein Höhepunkt deutschsprachiger Wissenschaftsliteratur – beschreibt er die Bürokratie als reinste Form von legaler Herrschaft.

Anhand der öffentlichen Verwaltung entwickelt Weber bestimmte Strukturmerkmale, die letztlich die Basis für das so genannte „Bürokratiemodell" dienen. Während der Bürokratiebegriff umgangssprachlich heute im Deutschen weitgehend negativ geprägt ist und für langsames, unflexibles, unwirtschaftliches Tätigsein steht, versteht Weber unter Bürokratie eine effiziente und leistungsfähige Organisationsform.

Bei Weber zeichnet sich Bürokratie vor allem durch Sachlichkeit, Unpersönlichkeit und Berechenbarkeit aus, was diese Form der „legalen Herrschaft" gegenüber den anderen Herrschaftsformen (Charisma und Tradition) hervorhebt.

Die Bürokratie charakterisiert sich hauptsächlich durch die folgenden Merkmale:

⇒ Arbeitsteilung und Befehlsgewalt

⇒ Amtshierarchie

⇒ Regelgebundenheit der Aufgaben- bzw. Amtsführung

⇒ Aktenmäßigkeit der Verwaltung

- Arbeitsteilung und Befehlsgewalt manifestiert sich vor allem darin, dass den Organisationsmitgliedern ein feststehender, eindeutiger Aufgabenbereich zugeordnet wird. Dieser Aufgabenbereich entspricht den „amtlichen Pflichten" des Stelleninhabers, der dazu mit den notwendigen Kompetenzen („Befehlsgewalt") ausgestattet wird. Da die Zuordnung von Aufgaben und Pflichten unabhängig von konkreten Personen erfolgt, können Personen ausgetauscht werden, ohne dass sich damit die Struktur der Organisation ändern muss.

- Amtshierarchie beschreibt einen streng hierarchischen Aufbau der Organisation. Die jeweils höhere Stelle besitzt gegenüber der unterstellten Stelle sowohl Weisungs- als auch Kontrollrechte, ohne dass die höhere Stelle aber den Aufgabenbereich der unterstellten Position gänzlich überkommen dürfte. Kommt es zwischen Aufgabenbereichen/Stellen zu Konflikten, so entscheidet im Rahmen der Amtshierarchie die jeweils nächst höhere Stelle (Stichwort: Dienstweg, Instanzenzug).

- Die Erledigung der Aufgaben erfolgt nach vorherbestimmten technischen Regeln und Normen, d.h. der Dienstweg ist festgelegt, so dass genau bestimmt ist wer wie welche Leistungen erfüllt und welche Kommunikationsbeziehungen bestehen.

- Schließlich arbeiten Bürokratien nach dem Prinzip der Aktenmäßigkeit, d.h. sämtliche Vorgänge werden schriftlich in Aktenform festgehalten und bleiben somit nachvollziehbar. Diese Aktenmäßigkeit soll sich im Ideal sowohl auf Entscheidungen und Anweisungen als auch auf individuelle Überlegungen beziehen. D.h. der Einzelne notiert, wie seine Entscheidung zustande kam.

Es liegt auf der Hand, dass Weber mit seinem Ansatz keine Beschreibung der Realität vor Augen hatte, sondern einen Idealzustand skizziert hat. Gleichwohl ist es erstaunlich, wie viele der oben genannten Prinzipien heute für die öffentliche Verwaltung und die meisten privaten Großorganisationen quasi eine Selbstverständlichkeit darstellen.

2.1.2 Entscheidungstheoretische Ansätze

Entscheidungstheoretische Ansätze lassen sich grob wie folgt unterteilen:

- Entscheidungslogischer Ansatz
- Entscheidungsprozessorientierter Ansatz

Entscheidungstheoretische Ansätze in ihrer Ausprägung als entscheidungslogischer Ansatz versuchen optimale Entscheidungen dadurch bereitzustellen, dass sie auf mathematische Verfahren zurückgreifen und damit die Entscheidungsfindung ein Stückweit programmierbar gestalten.

Der Ansatz besteht demnach einfach formuliert darin, die verschiedenen für die Entscheidung maßgeblichen Variablen und Zielgrößen einer Quantifizierung zugänglich zu mach, so dass sich entsprechende mathematische Kalküle überhaupt anwenden können.

Es ist offensichtlich, dass die Anzahl der Variablen und die der Nebenbedingungen, die solche Berechnungen zulassen, begrenzt sind und die für eine quantitative Bearbeitung notwendige Reduktion von Komplexität immer auch ein Stückweit den Verlust von Realitätsnähe mit sich bringt. Insbesondere für die industrielle Fertigungsplanung oder bei Transportproblemen können jedoch eindeutig optimale Lösungen formuliert werden.

Entscheidungsprozessorientierte Ansätze wie z.B. die so genannte „Spieltheorie" oder die Verhaltenstheorie des Unternehmens legen den Fokus der Betrachtung der Organisation auf die Frage, *wie* Entscheidungen in Organisationen zustande kommen, was sie *beeinflusst* bzw. welche *Abhängigkeiten* bestehen. Diese Ansätze befassen sich insbesondere in ihren verhaltenswissenschaftlichen Ausprägungen damit, wie in Gruppen mit zum Teil auch widersprüchlichen Zielvorstellungen Entscheidungsprozesse ablaufen und Probleme gelöst werden.

2.1.3 Systemtheoretische Ansätze

Im Rahmen der Systemtheorie, die allenfalls am Rande als eine betriebswirtschaftliche Theorie angesehen werde kann, wird grundlegend zwischen der Organisation als System und ihrer Teilbereiche (Sub-Systeme), wie z.B. Abteilungen, Sachbereichen, einzelne Arbeitsplätze etc. unterschieden. Das Denken in Systemen dient dabei vor allem der Reduktion von Komplexität auf ein (für das System) bearbeitbares Maß.

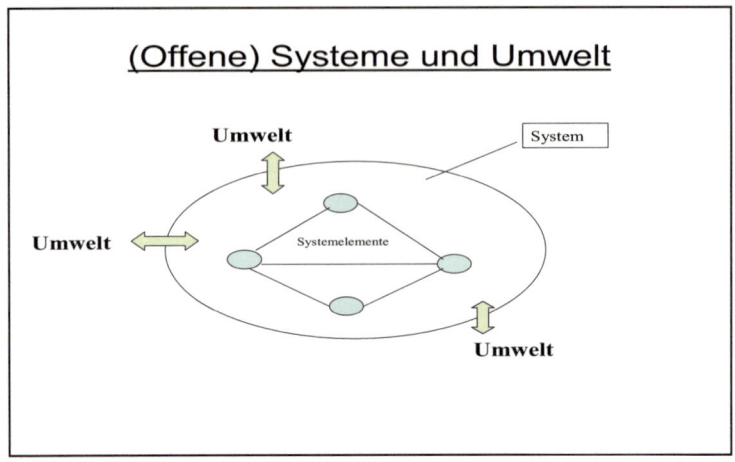

Abb. 7:   Systemtheorie - Grundstruktur

(Quelle: Eigene)

Ein System besteht aus verschiedenen (System-)Elementen, die in einer bestimmten Ordnung und in bestimmten Beziehungen zueinander stehen.

Für die Soziale Organisationen bietet es sich z.B. an, die Elemente Aufgaben
(Aufgaben der Jugendhilfe, Aufgaben einer Beratungsstelle etc.), Sachmitteln (EDV, Büroausstattung, Dienstwagen etc.), Menschen und Informationen zu unterscheiden.

Die Systemtheorie unterscheidet des Weiteren das System von seiner Umwelt (z.B. Bürger, Politiker, Ämter etc.).

Bei offenen Systemen steht das System – also die Organisation – in einem
fortwährenden Austausch zu diesen Umweltvariablen. In Form von Impulsen
(z.B. politische Vorgaben, Kundenwünschen etc.) wirkt die Umwelt auf das
System ein, genauso wirkt auch umgekehrt das System (z.B. Erteilen von
Bescheiden) auf ihre Umwelt ein, so dass insgesamt ein dynamisches Gefüge
entsteht.

Geschlossene Systeme hingegen erfahren in letzter Konsequenz keinerlei
Input und Information aus bzw. von der Umwelt und geben ihrerseits auch
keine Wirkung in die Umwelt hinein.

An Systeme wird gemeinhin die Anforderung zu stellen sein, dass es für sie
„existenznotwendig" ist, im Verhältnis zur Umwelt selbst hinreichend komplex zu sein. Diese Eigenkomplexität des Systems dient dazu, die Komplexität der Umwelt auf ein zu bewältigendes Maß zu reduzieren. Im Sinne von
Luhmann gilt es demnach die komplexe Umwelt in einem kollektiven
arbeitsteiligen Leistungsprozess zu bewältigen.

Eine Analogie für Soziale Organisationen lässt sich zum Beispiel darin sehen, dass die Anforderungen, die aus der Umwelt (von den Kunden, Spendern, seitens der Politik etc.) an sie gerichtet werden, äußerst verschiedenartig, teils widersprüchlich und speziell sind.

Es wäre nun problematisch, wenn die Soziale Organisation nicht ihrerseits auch mit einer hinreichend komplexen eigenen Struktur auf diese Herausforderungen reagieren würde.

Eine einzige „Super"-Abteilung könnte den vielfältigen Anforderungen sicherlich nicht gerecht werden, so dass die Organisation selbst ebenfalls spezialisierte Bereiche (Sub-Systeme) bildet, in denen der Umweltkomplexität besser – weil spezialisierter – begegnet werden kann.

2.1.4 Neue Institutionenökonomik

Mit der so genannten Neuen Institutionenökonomik (syn. Neue institutionelle Mikroökonomik, neue Organisationsökonomik) findet die betriebswirtschaftlich ausgerichtete Organisationslehre ihren vorläufigen Höhepunkt.

So verbinden eine Reihe von Fachvertretern mit diesen sehr umfassenden Ansätzen gar die Hoffnung, einen allumfassenden Ansatzpunkt für die Sozialwissenschaften gefunden zu haben.

Institutionen werden definiert als sozial sanktionierbare Erwartungen, die sich auf die Handlungs- und Verhaltensweisen von einem oder mehreren Individuen beziehen.

Die Neue Institutionenökonomik (NIÖ) beschäftigt sich insbesondere mit den Auswirkungen von Institutionen (wie z.B. Verträge, Organisationsstrukturen) auf menschliches Verhalten und geht diesbezüglich der Frage nach, wie Institutionen im ökonomischen Sinne optimal gestaltet werden können.[31] Grundsätzlich lassen sich drei Teil-Theorien unterscheiden, die zusammengenommen für die Neue Institutionenökonomik stehen (Abbild. 8).

---

[31] Vgl. Picot/et al. 2005, 45 f.

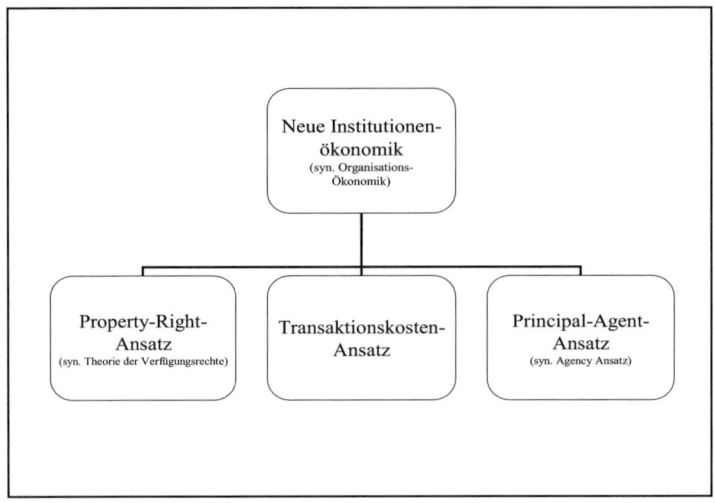

Abb. 8:   Neue Institutionenökonomik

(Quelle: Eigene)

Jeder dieser Sätze legt dabei andere Schwerpunkte, die über

- den Institutionenbegriff,
- der Verhaltsannahme der individuellen Nutzenmaximierung und
- dem Bezug auf den methodologischen Individualismus

einen gemeinsamen Kern besitzen.

Abb. 9:   Drei Kernansätze der NIÖ; (Quelle: Eigene)

2.1.4.1 Theorie der Verfügungsrechte (Property Rights-Ansatz)

Eine Organisation ist nach der Property Rights-Theorie ein Netzwerk von Verträgen. So steht etwa eine privatwirtschaftliche Unternehmung in vertraglicher Beziehungen zu ihren Mitarbeitern, ihren Lieferanten, Kreditgebern etc. Die zentrale Annahme ist, je mehr Verfügungsrechte eine Person an einer Ressource besitzt, desto wirtschaftlicher wird sie mit dieser Ressource umgehen. Und auch umgekehrt!

Für die privatwirtschaftliche Unternehmung liegt die Logik dieser Argumentation auf der Hand. So hat der Allein-Eigentümer ein großes (Eigen-) Interesse daran, die Ressourcen des/seines Unternehmens mögliches wirtschaftlich zu verwenden. Bei zwei Eigentümern ist dieses Interesse schon halbiert und bei einer Aktiengesellschaft mit hunderten oder gar zehntausenden von Aktionären/Eigentümern wird dieses Interesse je nach Aktienanteil marginalisiert.

Für die Organisationen der Sozialwirtschaft, die oft in Vereinsform organisiert sind und die öffentliche Verwaltung resultiert daraus die spannende Frage, wie es um die Wirtschaftlichkeit der Ressourcenverwendung bestellt ist, wenn ökonomisch betrachtet faktisch niemand als „Eigentümer" angesehen werden kann und folglich ein Eigen-Interesse an wirtschaftlicher Ressourcenverwendung nicht vorliegt.

Folgende Teilrechte werden in der Theorie der Verfügungsrechte – angelehnt an das römische Recht – unterschieden, die letztlich ein „Eigentum" ausmachen:

- Das Recht auf Gebrauch der Sache (usus), z.B. ein Haus zu bewohnen.

- Das Recht auf Aneignung der Erträge aus der Nutzung der Sache (usus fructus), z.B. Aneignung von Mieteinkünften.

- Recht auf Veränderung der Substanz (abusus), z.B. Umbauarbeiten an dem Haus vornehmen zu dürfen.

- Recht auf Übertragung (d.h. Verkauf) aller oben genannten Rechte an andere.

Die Theorie der Verfügungsrechte geht davon aus, dass diese Rechte nicht alle in einer Hand liegen müssen. Innerhalb von Organisationen, also auch in der Sozialwirtschaft, werden Handlungs-/Verfügungsrechte insbesondere durch Regeln (z.B. das Weisungsrecht des Vorgesetzten oder das Recht Abmahnungen und Kündigungen auszusprechen) zugeordnet, so dass sich aus ökonomischer Sicht die Frage stellt, wie diese Rechte optimal zu verteilen wären.

2.1.4.2 Transaktionskosten-Theorie

Etwas abstrakt lässt sich unter einer Transaktion die Übertragung von Verfügungsrechten an Ressourcen verstehen. Als einfache *Beispiele* für Transaktionen lassen sich aufführen:

- Kauf eines Brotes
- Abschluss eines Arbeitsvertrages
- Abschluss eines Miet- oder Darlehnsvertrages
- Schenkung einer Goldmünze
- Vererbung eines Hauses

Rechte werden gewöhnlich durch Verträge übertragen, so dass es nicht verwundert, wenn der Begriff der Transaktionskosten auf solche i.w.S. *Kosten* abstellt, die im Zusammenhang mit Vertragsbeziehungen entstehen.

Transaktionskosten bezeichnen nach O.E. Williamson diejenigen Kosten i.w.S. („Costs"), die in Form von Geld, Zeit, Mühe etc. entstehen, wenn ein Gut oder eine Leistung über eine technisch trennbare Schnittstelle hinweg übertragen werden.[32] Anders formuliert bezeichnen Transaktionskosten auch diejenigen Kosten, die im Zusammenhang mit der Anbahnung, Durchführung, Überwachung und Beendigung von Vertragsverhältnissen jedweder Art entstehen.

Als Arten von Transaktionskosten können genannt werden:

- Kosten der Suche nach geeigneten Vertragspartnern.
- Kosten für (Vertrags-) Verhandlungen
- Kosten für die Vertragsvereinbarung als solche
- Kosten der Kontrolle, ob die Vereinbarung auch erfüllt wird
- Kosten für Vertragsanpassungen
- Kosten für Vertragsbeendigung
- Etc.

Am Beispiel der Personalbeschaffung, also des Abschlusses von Arbeitsverträgen, kann die Relevanz des Denkens in Transaktionskostenkategorien verdeutlicht werden.

- Die Personalsuche kann als die Suche nach geeigneten Vertragspartnern interpretiert werden.

---

[32] Williamson, O.E. (1990)

- Mögliche Transaktionskosten umfassen z.B. das Schalten von Stellenanzeigen, die Beauftragung eines Personalberaters etc. oder auch diejenigen Kosten, die im Zuge von Auswahlverfahren (z.B. Assessment Center) entstehen.

- Ist der richtige Kandidat schließlich gefunden, ist es denkbar, dass vertragliche Details vereinbart werden müssen. Ist hier etwa juristischer Sachverstand hinzu zu ziehen, dann stellen die Kosten der Rechtsberatung ebenfalls Transaktionskosten während der Verhandlungsphase dar.

- Im Laufe eines Arbeitslebens könnte die Frage auftauchen, ob der Eingestellte seine vertraglichen Pflichten eigentlich erfüllt, so dass entsprechende Überwachungs- oder Kontrollregeln etabliert werden müssen.

- Gelangt man zu dem Schluss, dass vertragliche Pflichten schwerwiegend verletzt wurden, können z.B. mit Anwaltskosten oder der Zahlung von Abfindungen Kosten für die Beendigung des Vertragsverhältnisses entstehen.

2.1.4.3 Prinzipal-Agent-Theorie

Die Prinzipal-Agent-Theorie (syn. Agentur-Theorie) richtet ihr Augenmerk auf die Beziehung, die zwischen einem Auftraggeber (Prinzipal) und einem Auftragnehmer (Agent) besteht.

Eine Prinzipal-Agent-Beziehung ist immer dann gegeben, wenn ein Partner (der Agent) beauftragt wird, Ressourcen des Auftraggebers (Prinzipal) zu nutzen und der Prinzipal sich nicht sicher sein kann, dass oder ob der Agent sich auch in seinem Sinne verhalten wird.

Während dieses Wissen bei dem Agenten selbstverständlich vorhanden ist, kann sich der Prinzipal dieses Wissen nur äußerst mühsam, kostenintensiv oder auch gar nicht beschaffen.

Beispiel:

- So kann der Dienstgeber nicht sicher beurteilen, ob der Bewerber sich nach erfolgter Einstellung wirklich fleißig und motiviert in die Verwaltung einbringen wird oder auch ob er für die entsprechende Tätigkeit überhaupt geeignet ist.

- Während der Bewerber dieses sehr wohl weiß und seine Eignung aufgrund von Vorerfahrungen auch einschätzen kann, muss der Dienst-

geber versuchen, dieses z.B. durch aufwendige Testverfahren heraus-
zufinden.

Prinzipal-Agent-Beziehungen liegen folglich außerordentlich häufig vor, wie
die folgenden *Beispiele* verdeutlichen:

- Käufer-Verkäufer

- Management-Aktionäre,

- Arbeitgeber-Mitarbeiter

- Bürger-Verwaltung

Die Abbildung 10 verdeutlicht, dass die Prinzipal-Agent-Theorie unterschiedliche Typen von Risiko aus der Sicht des Auftraggebers unterscheidet.

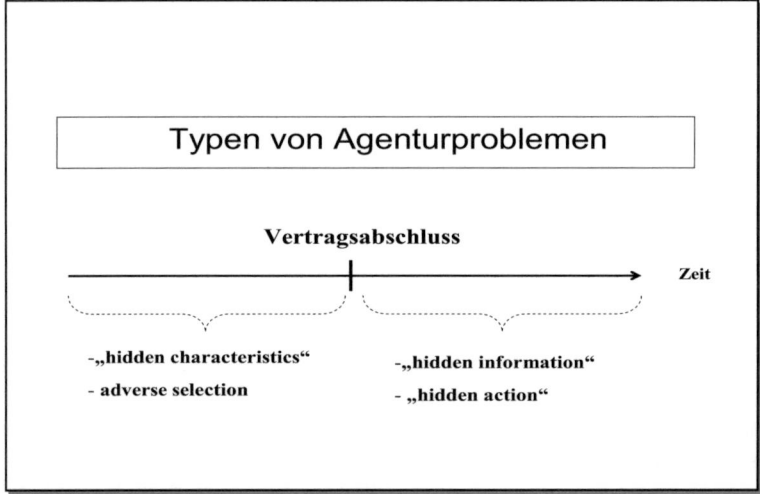

Abb. 10:   Typen von Prinzipal-Agent-Problemen

(Quelle: Eigene)

Im Einzelnen sind dieses:

- Verborgene Eigenschaften (hidden charakteristics) stellen ein Risiko
  dar, da nicht bekannt ist, welche Eigenschaften der Vertragpartner
  tatsächlich aufweist.

- Aus diesem Risiko resultiert die Gefahr der falschen Auswahl (adverse
  selection) des Vertragspartners.

- Nach Vertragsschluss besteht das Problem, dass der Agent im Besitz
  von Informationen ist, die das Wohlergehen des Prinzipals beeinflussen und die der Agent für seine Entscheidungen auch nutzt.

30

- Da der Prinzipal über diese Informationen nicht verfügt, kann er letztlich nicht wissen, ob der Agent sich in seinem Sinne verhalten hat (hidden information).

- Das Problem der verborgenen Handlung (hidden action) beschreibt schließlich den Umstand, dass der Prinzipal die Aktivitäten des Agenten nicht ohne Weiteres beobachten kann und somit nicht beurteilen kann, ob dieser sich in ausreichendem Maße in seinem Sinne eingesetzt hat.

- So kann bekanntlich durch Fleiß und Pech das gleiche Ergebnis entstehen wie durch Faulheit und Glück.

Die Prinzipal-Agent-Theorie bietet die Möglichkeit, hier spezifische Problemlagen klar erkennbar herauszustellen.

2.2 Verständnis von „Organisation"

Bevor Einzelheiten zum Verständnis von „Organisation" dargestellt werden, bietet es sich an, zunächst den Begriff als solchen kurz zu umreißen.

„Organisation" steht für die Menge dauerhaft wirksamer genereller Regelungen einer Einrichtung, die der Unterstützung beim Verfolgen von Zielen dienen.

Diesem schließt sich unweigerlich die Frage nach den verfolgten Zielen an. Auch wenn dieser Aspekt unten noch einmal aufgegriffen werden wird, lassen sich allgemein folgende Zielgrößen festhalten:

- Effektivität

- Effizienz

- Flexibilität

Als effektiv wird eine Organisation bezeichnet, der es gelingt, „die richtigen Dinge zu tun". Es wird folglich auf die Wirksamkeit ihrer Maßnahmen ausgerichtet, d.h. stellt sich auch das von der Organisation (*eigentlich*) verfolgte Ergebnis ein.

Als effizient gilt eine Organisation dann, wenn sie ein produktives und wirtschaftliches Vorgehen sicherstellt. Im Kern wird hier auf die Wirtschaftlichkeit abgestellt, d.h. Ressourcenvergeudung wird vermieden, indem etwa zur Leistungserstellung nur so viele Produktionsfaktoren eingesetzt werden, wie unbedingt nötig sind („Die Dinge richtig zu tun")

Als flexibel gilt eine Organisation schließlich dann, wenn sie in der Lage ist, durch zeitnahe Anpassung auf Umwelteinflüsse angemessen zu reagieren.

Grundsätzlich sollen zwei Ausprägungen des Organisations-Begriffs unterschieden werden:

- Institutioneller Organisationsbegriff
- Instrumentaler Organisationsbegriff

Der institutionelle Organisationsbegriff lenkt den Fokus der Betrachtung auf die Organisation als Ganzes, d.h. auf das gesamte System, auf die gesamte Institution. In gewisser Weise wird hier die Frage nach dem „Wesen" eines Unternehmens, einer Hochschule, einer Verwaltung gestellt – die Antwort ist: Diese Erscheinungen *sind (!)* Organisationen/Institutionen.

Das instrumentale Verständnis von Organisation sieht diese als *Tätigkeit* oder Teilbereich der Unternehmensführung bzgl. koordinierende Tätigkeit, in Hinblick auf die Regelung des Zusammenwirkens von:

- Menschen und Menschen
- Menschen und Sachen
- Sachen und Sachen

Ein Unternehmen „*hat*" danach eine Organisation bzw. „*wird*" organisiert.

Zuweilen wird mit dem **funktionalen** Organisationsbegriff als dritte Variante noch eigens auf die Tatsache abgestellt, dass die betreffende Einrichtung organisiert wird.

Das instrumentale Organisationsverständnis war vor allem in der deutschsprachigen Betriebswirtschaftslehre lange Zeit vorherrschend -und in praxisnahen Publikationen ist es das noch heute so.

In der i.e.S. wissenschaftlichen Diskussion spielte diese Perspektive jedoch lange Zeit kaum eine Rolle. Erst in jüngerer Vergangenheit rückt dieser Ansatz über das so genannte (Geschäfts-) Prozessmanagement wieder etwas mehr in den Vordergrund. Das hauptsächliche Augenmerk dieser Ausrichtung besteht darin, Arbeitsabläufe zu rationalisieren.

2.3 Merkmale von „Organisation"

Eine weitere mögliche und verbreitete Definition von „Organisation" lautet:

Organisationen sind „soziale Gebilde, die dauerhaft ein Ziel verfolgen und eine formale Struktur aufweisen, mit deren Hilfe Aktivitäten der Mitglieder auf das verfolgte Ziel ausgerichtet werden sollen." Damit sind insbesondere die folgenden Aspekte angesprochen:

- Organisationen sind zielgerichtet, d.h. Staatliche Stellen, kommunale Aufgabenträger bedienen sich der Verwaltungsorganisation, um gesetzliche Aufträge bzw. Ziele umzusetzen.

- In diesem Zusammenhang gilt es zu beachten, dass auch weitere Zielkategorien existieren. Ziele der Organisation, d.h. Individualziele der Organisationsmitglieder und Ziele für die Organisation als solche. Es liegt auf der Hand, dass im Einzelfall nicht alle Zielkategorien miteinander vereinbaren sein werden, so dass unweigerlich so genannte Zielkonflikte auftreten.

- Organisationen sind soziale Systeme, d.h. es wird die Tatsache betont, dass in Organisationen Menschen miteinander arbeiten und auskommen müssen. Auch an dieser Stelle kann noch einmal auf das Problem der Zielkonkurrenz hingewiesen werden, wenn etwa Individualziele (z.B. mehr Entgelt) und Ziele für die Organisation (z.B. Einsparziele des Haushalts) sowie mehrere Individualzielen untereinander (z.B. zwei Personen bewerben sich um eine verfügbare Aufstiegsstelle) kaum miteinander harmonisieren.

- Organisationen weisen eine formale Struktur auf, d.h. durch organisatorische Regeln und Vorgaben wird die notwendige formale Struktur gebildet, die ein zielgerichtetes Zusammenwirken aller Mitarbeiter der betrachteten Verwaltungseinheit ermöglichen soll. Diese Regeln fungieren als so genanntes „Führungssubstitut", indem sie es für die Führungskräfte entbehrlich machen, Anweisungen permanent neu zu erteilen.

2.4 Organisation, Disposition und Improvisation

Die Organisationslehre unterscheidet gewöhnlich drei Arten von Regeln: Organisation, Disposition und Improvisation. Diese Regeln unterscheiden sich allgemein durch ihre zeitliche Dauer und Verbindlichkeit.

- „Organisation" steht hier für vorausschauende, allgemeingültige Regelungen, die von Langfristigkeit bestimmt sind.

  Beispiel: Der Stundenplan der Fachhochschule

- Dispositionen bezeichnen im Einzelfall getroffene Entscheidungen aufgrund unvollkommener bzw. nicht vorhandener genereller Regelungen. Die Möglichkeit auf den Einzelfall mit einer Disposition reagieren zu können, kann durchaus bewusst geschaffen werden, d.h. es wird auf generelle Regelung (Organisation) ganz bewusst verzichtet. Dieses stellt dann keinen Mangel dar.

Beispiel: Der laut Stundenplan vorgesehene Dozent erkrankt am Tag Y. Die Disposition besteht darin, dass die Studierenden an diesen Tag Y anhand von Literatur ein Eigenstudium vornehmen.

- Auf jede Organisation, z.B. auf die Verwaltung, können Ereignisse zukommen, die nicht vorauszusehen sind. Da aber in der praktischen Situation auch mit diesem Ereignis umgegangen werden muss, ist im Augenblick des Auftretens des Ereignisses eine besondere Regelung aus der Situation heraus zu treffen. Diese Regelung wird ad hoc getroffen und ist in ihrer Gültigkeit von vorn herein befristet.

Beispiel: Der Dozent A erkrankt für zunächst zwei Wochen. Für diesen Zeitraum wird geregelt, dass der Dozent B die Vertretung übernimmt.

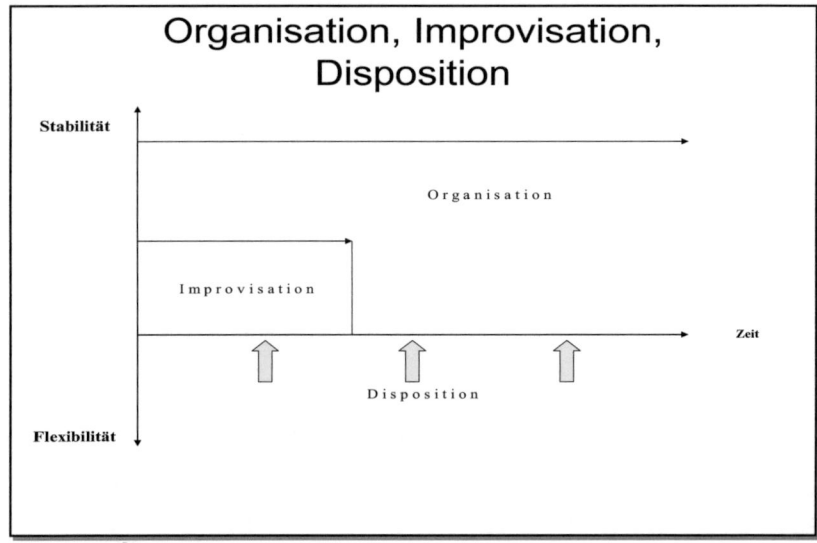

Abb. 11: Arten von Regeln

(Quelle: Schmidt 2002, 7. verändert)

2.5 Über- und Unterorganisation

Überorganisation liegt vor, wenn die generellen also organisatorischen Regelungen soweit gehen, dass in der Praxis kaum mehr auf Besonderheiten reagiert werden kann. Das heißt, es besteht zu wenig Entscheidungs- und/oder Handlungsspielraum. Das Handeln innerhalb der Organisation ist starr und es kann nicht flexibel auf eintretende Besonderheiten oder Veränderungen reagiert werden. Das oben eingeführte Ziel der Flexibilität, also der angemessene Umgang mit Umweltveränderungen, wird folglich verfehlt.

Von Unterorganisation ist hingegen in solchen Fällen auszugehen, wenn zu wenig allgemeingültige, dauerhafte Regelungen getroffen sind. Es besteht ein zu großer individueller Handlungsrahmen.

Das Handeln der Organisation wird sprunghaft und wenig vorhersehbar bzw. einschätzbar. Es liegt auf der Hand, dass eine solche Situation in einer Einrichtung der Sozialwirtschaft oder auch der Sozialverwaltung gerade auch aus der Sicht des Klienten kaum akzeptabel ist.

Gelingt es ein ausgewogenes Verhältnis von langfristigen Regeln und kurzfristiger Handlungsmöglichkeit herzustellen, befindet sich die Organisation in einem organisatorischen Gleichgewicht, d.h. es liegt weder Über- noch Unterorganisation vor.

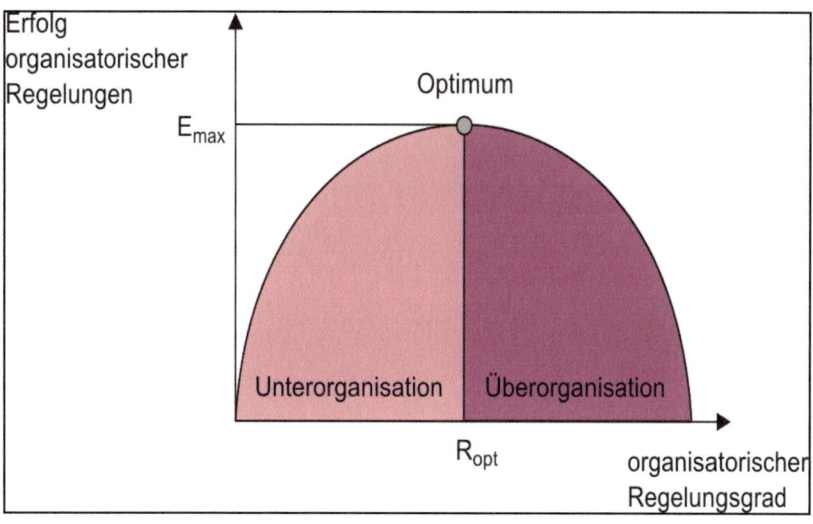

Abb. 12:   *Substitutionsgesetz der Organisation nach Gutenberg*

(Quelle: Schreyögg/Koch 2007, 291)

Zu viele und zu unflexible Regelungen machen eine Organisation also unbeweglich und bürokratisch, zu viele ungeregelte Bereiche verursachen dagegen Ungleichbehandlung und mangelnde Transparenz des Handelns. Die Organisation hat sich daher an der Effizienz zu orientieren, die generelle Regelungen mit sich bringen.

In der traditionellen Organisationslehre geht man davon aus, dass ein Gleichgewicht dann herrscht, wenn alle Vorgänge, die generell regelbar sind,

auch generell geregelt sind und alle fallweise regelbaren Vorgänge nur fallweise geregelt sind – in der Praxis zeigt sich nicht selten, dass diese Forderung – scheinbar banal – oft verfehlt wird. Gerade größere Organisationen
der Sozialwirtschaft und Verwaltungen neigen eher zu vielen Regelungen.

Die nachfolgende Auflistung stellt die Auswirkung von Über- und Unter-
organisation aus Sicht der Organisation und aus Sicht der Mitarbeiter zusammen.[33]

⇒ Auswirkungen von Über-Organisation:

...auf die Organisation:

- Fehlende Flexibilität für Einzelfälle
- Langsame Anpassung an veränderte Rahmenbedingungen
- Arbeitsvorgänge werden nicht schnell und zielgerichtet erledigt
- Wachsende Instabilität durch zu viele Regelungen

...auf die Mitarbeiter:

- Unübersichtlichkeit
- Überforderung
- Gefahr, dass wichtige Regeln übersehen werden
- Dienst nach Vorschrift
- Erziehung zur Unreife
- Gehemmt werden Innovationen / Kreativität
- Motivationsverlust
- Mangelnde Arbeitsqualität

⇒ Auswirkungen von Unter-Organisation

...auf die Organisation

- Uneinheitlichkeit bei Ermessensentscheidungen
- Qualitätsverlust bei Entscheidungen unter Zeitdruck
- Abstimmungsproblem zwischen den Vorgesetzten
- Gefahr von Doppeltätigkeiten bei unklaren Zuständigkeiten

...auf die Mitarbeiter

- Unsicherheit

---

[33] Pippke/et al. (2007, 40f.), leicht verändert.

- Friktionen zwischen den Mitarbeiter
- Höhere Belastung durch längere Abstimmungsnotwendigkeiten

3 Systemelemente der Organisation

3.1 Aufgabe

Jede Organisation, ob Soziale Einrichtung, Unternehmen oder öffentliche Verwaltung) und jede Organisationseinheit (z.B. Dezernat, Abteilung) lässt sich durch ihre Aufgabe beschreiben. Dabei bilden Aufgaben den Mittelpunkt der Organisationslehre

Während die Aufgaben einer Privatunternehmung durch den Unternehmensgegenstand bzw. durch die Entscheidung der Eigentümer bestimmt sind, werden z.B. die Aufgaben der öffentlichen Verwaltung durch formales Recht (Gesetz u.ä.) oder die Politik determiniert.

3.1.1 Typologien von Aufgaben der öffentlichen Verwaltung

Die Kommunalverwaltung hat aufgrund gesetzlicher Vorgaben und auch eigener Zielsetzung verschiedene Aufgaben zu erfüllen. Dabei können verschiedene Typologien oder Klassifizierung von (staatlichen bzw. kommunalen) Aufgaben genutzt werden, um die Vielfalt der Aufgaben zu ordnen.

Ein dualer Zugang stellt zunächst die Kernfrage danach, welche Aufgabe öffentlich wahrgenommen werden soll. Dabei können originäre („geborene") und nicht-originäre, d.h. zu solchen erklärten öffentlichen Aufgaben unterschieden werden.

Zu den originären Aufgaben zählen die innere (Polizei) und äußere Sicherheit (Militär) sowie die Rechtsprechung (Justiz).

Ein anderer Zugang unterscheidet nach der Handlungsform: Die hoheitliche Verwaltung, wenn der Aufgabenträger in Formen des öffentlichen Rechts tätig wird und die fiskale Verwaltung, wenn der Aufgabenträger in Formen des Privatrechts tätig wird.

Andere Klassifizierungen unterscheiden wiederum z. B. nach Aufgaben der Ordnungsverwaltung (Gefahrenabwehr) und Aufgaben der Leistungsverwaltung (Daseinsvorsorge).

Setzt man die Logik dieser zweiseitigen Betrachtungsweise auf der Ebene der i.w.S. staatlichen Aufgaben fort, dann kann unterscheiden werden in: landes-staatliche und originär gemeindliche Aufgaben.

Die landes-staatlichen Aufgaben werden den Gemeinden durch den Bereich Staat übertragen. Bei den Selbstverwaltungsangelegenheiten der Gemeinde besteht nur eine staatliche Rechtsaufsicht, während bei übertragenen Aufgaben in der Regel eine Fachaufsicht besteht.

Eine andere Strukturierung liegt z.B. – wie im Land NRW – vor, wenn auch die Aufgaben, die der Kommune übertragen werden, von dieser in eigener Verantwortung wahrgenommen werden sollen.

Unmittelbar nachvollziehbar erscheint vor allem die Unterteilung nach Pflichtaufgaben (z.B. KfZ-Zulassung), also Aufgaben, die die Gemeinde kraft Rechtsvorschrift wahrnehmen muss und Freiwilligen Aufgaben (z.B. Kultur, Sport), also solchen Aufgaben, zu dessen Wahrnehmung die Gemeinde nicht kraft Gesetz oder anderer Rechtsquelle verpflichtet ist.

Schließlich ist noch auf die so genannten Querschnittsaufgaben hinzuweisen. Neben den *unmittelbaren* Aufgaben wie z. B. Personalausweise auszustellen oder Straßen zu reinigen, sind auch *mittelbare* Aufgaben zu erfüllen, also Aufgaben, die keinem sofortigen nach außen gerichteten Zweck dienen.

Mittelbare Aufgaben fallen beim Vollzug aller unmittelbaren Aufgaben an, wenn es z.B. darum geht Personal einzustellen, Finanzielle Ressourcen zu verteilen, EDV-Anlagen einzurichten etc.

Diese mittelbaren Aufgaben sind in einem bestimmten Umfang ausgegliedert und in besonderen Gruppen gebündelt zusammengefasst. Man denke hier etwa an organisatorische Bereich wie: Allgemeine/Zentrale Verwaltung, Kämmerei, Personalamt, Organisationsamt etc.

Die Gesamtheit der von einer Kommune zu einem bestimmten Zeitpunkt wahrzunehmenden Aufgaben stellt deren Aufgabenbestand. dar. Dieser setzt sich im Kern zusammen aus den Pflichtaufgaben laut Gesetz, Ratsbeschluss etc. und den freiwillig wahrgenommenen Aufgaben.

Idealtypisch lassen sich folgende Phasen unterscheiden, um die Entstehung von öffentlichen Aufgaben zu beschreiben:

1. Entstehung eines Bedürfnisses, dessen Befriedigung durch Leistungen der öffentlichen Verwaltung erwartet wird
2. Legitimation dieses Bedürfnisses als öffentliche Aufgabe durch Gesetz, Rechtsverordnung, Satzung etc.
3. Bereitstellen der erforderlichen Haushaltsmittel

Eine neue (gegebene) öffentliche Aufgabe entsteht (oder fällt weg), wenn ein Gesetz-, Verordnungs- oder Satzungsgeber dieses beschließt – siehe unten. Entsprechend erhöht oder vermindert sich der Aufgabenbestand.

In einem Aufgabengliederungsplan (s. unten) wird der Gesamtbestand an Aufgaben dokumentiert.

Die Leitlinien des Neuen Steuerungsmodells, wie es unten dargestellt werden wird, schlagen sich auch in der Ordnung der kommunalen Aufgabenfelder nieder. In der kommunalen Praxis sind Aufgabenbeschreibungen durch Produkte und Produktpläne ersetzt worden – vgl. z.B. den Produktplan der KGSt.

Öffentliche Aufgaben schlagen sich danach in Produkten und Leistungen nieder. Die öffentliche Verwaltung stellt i.d.R. nur solche Produkte und Leistungen her, die auch der Erfüllung einer öffentlichen (kommunalen) Aufgabe dienen.

Die KGSt ordnet *artverwandte* kommunale Aufgabenfelder zu 8 Aufgaben*haupt*gruppen in einem Aufgabengliederungsplan.

1.	Allgemeine Verwaltung	5. Soziales, Jugend, Gesundheit
2.	Finanzen	6. Bauwesen
3.	Recht, Sicherheit, Ordnung	7. Öffentliche Einrichtungen
4.	Schule und Kultur	8. Wirtschaft, Verkehr

o   Innerhalb der 8 Hauptgruppen wird weiter unterschieden nach Aufgabengruppen.

o   Angelehnt an den Vorschlag der KGSt lässt sich je Gemeinde ein individuell zugeschnittener Aufgabengliederungsplan entwickeln.

Abb. 13:   Aufgabengliederung nach KGST

(Quelle: Eigene)

3.1.2   Aufgaben und Aufgabenwandel der Sozialwirtschaft

Öffentliche Aufgaben stellen kein Fixum dar. Was konkret als öffentliche Aufgabe angesehen wird, unterliegt dem Wandel. Gleiches kann auch für die Sozialwirtschaft festgestellt werden, wobei aber die Aufgaben der Sozialwirtschaft aufgrund des Subsidiaritätsprinzips nicht losgelöst von den (Pflicht-) Aufgaben der öffentlichen Verwaltung gesehen werden können. Einerseits leiten sich die Aufgaben von Sozialen Organisationen aus deren religiösen bzw. ideologischen Wurzeln ab. Andererseits passen Soziale Organisationen ihre Aufgaben immer auch dem Wandel und Veränderungen der öffentlichen Verwaltung an.

Als mögliche Ursachen des Wandels kommen beispielsweise in Frage: Politischer Wille, Zeitgeist, finanzielle Situation der öffentlichen Hand etc. Aber auch veränderte Einsichten, gesellschaftlicher Wandel, andere Erwartungen/Einstellungen der Bürger etc. können die Definition dessen, was als öffentliche Aufgabe angesehen wird beeinflussen und verändern.

Ein Instrument öffentliche Aufgaben einer Prüfung zu unterziehen, stellt dabei die so genannte Aufgabenkritik dar.

Der Grundgedanke besteht darin zu prüfen, ob öffentliche (und interne) Aufgaben weiterhin oder unverändert wahrgenommen werden sollen, können oder müssen. Gesellschaftliche Bedürfnisse sind nicht statisch, sondern unterliegen dem Wandel. Auch die öffentliche Verwaltung muss diesen veränderten Bedürfnislagen Rechnung tragen. Dies führt dazu, dass

- neue Aufgaben von der Gemeinde wahrzunehmen sind
- bestimmte Aufgaben für die Gemeinde wegfallen oder
- bestimmte Aufgaben in veränderter Quantität oder Qualität wahrgenommen werden.

Nicht zuletzt auch aufgrund der kurz angerissenen Gründe, muss auch an öffentliche Aufgaben die Frage gerichtet werden, inwiefern sie z.B. noch zeitgemäß, politisch gewünscht oder auch in der Art ihrer Durchführung angemessen sind. Diese Form der kritischen Betrachtung wird als Aufgabenkritik bezeichnet.

Wird innerhalb des gesetzlichen Rahmens entschieden oder ändert sich der gesetzliche Rahmen selbst, so dass sozial relevante Bereiche sich ändern oder neu hinzukommen, dann verändert sich auch der potentielle Aufgabenkatalog der Sozialwirtschaft.

3.2 Sachmittel

Sachmittel dienen dem Aufgabenträger bei der Erfüllung seiner Aufgaben bzw. stellen den materiellen Rahmen der Aufgabenerfüllung dar. Sachmittel sind so gesehen die mittelbaren Arbeitsträger. Der Einsatz von Sachmitteln unterstützt den unmittelbaren Arbeitsträger Mensch.

Im administrativen Bereich nehmen Sachmittel wie Büroausstattung (Schreibtisch, Stühle, Telefon, Regale etc.), Büromaschinen (Kopierer, Diktiergeräte etc.), insbesondere aber Sachmittel der EDV-gestützten Büroarbeit (Computer, Drucker, Scanner etc.) einen hohen Stellenwert ein. Erweitert man diese Perspektive auf die vielfältigen Aufgabenbereiche der Sozialwirtschaft außerhalb des Bürobereichs, so spielen – je nach Arbeitsgebiet – andere Sachmittel eine Rolle.

Die nachstehende, natürlich nicht vollständige Aufzählung, vermittelt einen exemplarischen Einblick:

- Kinderspielzeug
- Musikinstrumente

- Messgeräte

- Therapieutensilien

- Medizinische Geräte im Gesundheitsamt

- Allgemeine pädagogische Hilfsmittel

Allgemein, aber sicherlich mit besonderer Relevanz für den Bürobereich, kann festgestellt werden, dass die Peripheriegeräte der EDV heute in vielfachen und stetig wachsenden Wechselwirkungen zu einander stehen. Die Notwendigkeit eines systematischen Gestalten und Steuern des Einsatzes von Sachmitteln entsteht, wenn man etwa bedenkt, dass auf verschiedene Daten der EDV mehrere menschliche Aufgabenträger gleichzeitig zugreifen sollen oder einzelne Geräte (z.B. Telefon, Fax, Bild etc.) zentral über einen Computer gesteuert werden.

Im Zuge eines betrieblichen Gesundheitsmanagements, aber auch aufgrund rechtlicher Vorgaben, nimmt in diesem Zusammenhang das Thema der Ergonomie einen wichtigen Stellenwert ein.

Mit der ergonomischen Gestaltung von Arbeitsbereichen wird das Ziel verfolgt, die i.w.S. körperlicher Belastungen des Menschen dadurch zu reduzieren, dass sich die Sachmittel möglichst weitgehend den individuellen Belangen des jeweiligen Mitarbeiters anpassen.

Aus der Sicht der Organisation bietet dieses nicht zuletzt den Vorteil, eine höhere Effizienz zu erzielen, in dem z.B. krankheitsbedingte Ausfälle reduziert werden.

Überlegungen zur Ergonomie erfassen z.B. die Maße von Büromöbeln, was etwa deren Höhe, Bein- und Fußraum oder den Greifbereich auf Schreibtischen angeht. Des Weiteren spielen z.B. Bildwiederholfrequenzen bei EDV-Arbeitsplätzen genauso eine Rolle, wie die Positionierung des Computerbildschirms zum Fenster. Für den Bereich der Alten- und Behindertenhilfe ist des Weiteren auf vielfältige Hilfsmittel in der Pflege hinzuweisen, die z.B. ein rückenschonendes Heben ermöglichen sollen.

Erweitert man den Ergonomiebegriff auch auf die verwendeten EDV-Programme („Software-Ergonomie"), dann stellen sich Fragen, wie Selbststeuerung von Programmen, deren Fehlerrobustheit oder auch die Qualität von Hilfefunktionen.

Abschließend sei noch auf die Mitbestimmung des Personalrates beim Einsatz solcher Sachmittel hingewiesen, die der Überwachung der Arbeit dienen können. Die Einführung von derartigen technischen Einrichtungen unterliegen der Mitbestimmung durch den Betriebs- oder Personalrat bzw. die Mitarbeitervertretung.

3.3 Informationen

Ohne eine Mindestausstattung an Informationen kann keinerlei Aufgabe erledigt werden.

Es bedarf keiner weiteren Begründung, dass ohne Informationen z.b. eine Kommunalverwaltung ihre Aufgaben nicht erfüllen kann. So kann z.b. die Aufgabe "Gewährung von Leistungen nach ALG II" nur dann wahrgenommen werden, wenn Antragsteller vorstellig werden, ihre persönlichen Daten dem Mitarbeiter darlegen, der wiederum diese Informationen/Daten mit Informationen aus gesetzlichen Vorschriften gedanklich abgleicht, um anschließend einen positiven oder negativen Bescheid zu erlassen. Auch in der unmittelbaren Sozialen Arbeit mit dem Klientel benötigt der Sozialpädagoge der die Sozialarbeiterin Informationen über den hilfebedürftigen Menschen, um gezielt tätig werden zu können. Informationen besitzen einen mittelbaren Zweckbezug, d.h. sie dienen der Erfüllung von Aufgaben: sie sind „Mittel zum Zweck".

- Als (Arbeits-)Definition kann demnach festgehalten werden, dass als Information diejenigen Nachricht verstanden werden kann, die zur Aufgabenerfüllung notwendig ist.[34]

- Der Begriff der Nachricht ist demnach weiter gefasst. Nachricht bezeichnet allgemein ein Wissen über Zustände und Ereignisse der Umwelt. Zur Information wird die Nachricht erst, wenn der Empfänger sie zur Aufgabenerledigung nutzen kann, d.h. sie einen Zweckbezug besitzt.

- Teile der Nachricht, die der Empfänger nicht zur Aufgabenerfüllung benötigt, bezeichnet man als Redundanz. Daten sind schließlich solche Nachrichten, die speicherbar sind und reproduziert und verarbeitet werden können.[35]

Mathematik kann als Beispiel für eine Sprache ohne jede Redundanz verstanden werden, so verzichtet Mathematik etwa letztlich auch auf konkrete Zahlen. Es wäre aber unzutreffend Redundanzen als verzichtbar zu begreifen. Gerade eine sehr störanfällige Nachrichtenübermittlung wie die mündliche Sprache benötigt i.d.R. sehr viel Redundanz, um sicherzustellen, dass der Empfänger das versteht, was der Sender (tatsächlich) mitteilen wollte.

Idealtypisch lässt sich für Informationsverarbeitungsprozesse der folgende Ablauf skizzieren:

---

[34] Vgl. Schmidt (2002)
[35] Schmidt (2002)

⇒ *Informationsaufnahme*

Erhalt von Informationen (z. B. über die konkrete Problemlage eines Klienten)

⇒ *Informationsvorspeicherung*

Sammlung von Informationen im menschlichen Gedächtnis oder technischen Mitteln (CD-ROM, Disketten, Akten, Karteien etc.).

⇒ *Informationsverarbeitung*

⇒ *Informationsnachspeicherung*

Aufbewahrung verarbeiteter Daten für einen späteren Zugriff

⇒ *Informationsabgabe*

Übermittlung der (Ausgangs-) Informationen an den Empfänger.

Der Begriff der Kommunikation bezeichnet den Austausch bzw. die Weitergabe von Informationen. Kommunikation erfordert daher mindestens drei Elemente: Den Sender, einen Übertragungskanal und einen Empfänger.

Innerhalb des Kommunikationsprozesses erfolgt die Kommunikation dabei in drei Phasen:

(1) Sender: Informationsabgabe

(2) Übertragungskanal: Informationsübermittlung an den Empfänger

(3) Empfänger: Informationsaufnahme durch den Empfänger

Es entspricht unserer täglichen Erfahrung, dass Kommunikationsprozesse nicht immer fehler- und störungsfrei ablaufen. Die Ursachen können allgemein sowohl beim Sender als auch beim Empfänger liegen, wobei generell davon auszugehen ist, dass der Sender dafür Sorge zu tragen hat, dass die Nachricht beim Empfänger richtig verstanden wird. Dies ist z.B. dadurch zu gewährleisten, dass ein geeigneter Übertragungsweg gewählt wird (mündlich, schriftlich, bildlich etc.) oder auch eine sprachliche Anpassung an den Empfänger erfolgt (z.B. Deutsch, Englisch, Kindsprache, Fachsprache etc.).

Häufig kann dennoch nicht verhindert werden, dass Störungen im Kommunikationsprozess auftreten. Dabei lassen sich folgend mögliche Störungsquellen unterscheiden:

- Technische Störungen, wie Nebengeräusche, Lautstärke etc.

- Semantische (intellektuelle) Störungen, wie Fachsprache, gesellschafts- schichtbezogene Sprache

- Psychologische Störungen, wie Abneigung/Zuneigung, individuelle Vorurteile etc.

3.4 Mensch

3.4.1 Der Mensch als Aufgaben- und Leistungsträger

Auch in der Sozialwirtschaft wird man die Augen nicht davor verschließen können, dass der Mensch als Arbeitnehmer für die Organisation insbesondere vor dem Hintergrund seiner Leistungsfähigkeit (Qualifikation) und seiner Leistungsbereitschaft (Motivation) bedeutsam ist. Beide Komponenten, Qualifikation und Motivation, gemeinsam bilden das so genannte Personalvermögen.

In seiner Rolle als Träger von Aufgaben in Organisationen stellt der Mensch seine Leistungsfähigkeit und –bereitschaft – meistens gegen Entgelt – der Sozialen Organisation zur Nutzung zur Verfügung. Aufgrund des hohen Anteils an von Personen erbrachten Dienstleistungen spielt das Systemelement „Mensch" eine besondere Rolle. So hängen die Leistungsfähigkeit und die Qualität der Aufgabenerfüllung in der Sozialwirtschaft entscheidend von dem Menschen als primären Arbeitsträger ab.

Wenn nun der Leistungsfähigkeit und der Leistungsbereitschaft des Menschen für die Leistungsfähigkeit der Organisation eine solche große Bedeutung zukommt, dann bietet es sich an, sich mit den Einflussgrößen, die die Leistungserbringung des Menschen im Leistungsprozess z. B. in einer Sozialen Einrichtung bestimmen, etwas intensiver zu befassen.

3.4.2 Leistungspotential, -fähigkeit, -disposition, -bereitschaft

Es wird regelmäßig der Fall sein, dass Menschen auch aufgrund unterschiedlich ausgeprägter Leistungsbereitschaft der Organisation nicht das gesamte Niveau ihres Leistungspotentials bzw. ihres Leistungsvermögens zur Verfügung stellen. Es liegt daher nahe, Teilkomponenten des Leistungspotentials (syn. Leistungsvermögens) zu unterscheiden.

Das Leistungspotential bezeichnet die (theoretisch) maximale Kapazität eines Menschen. Der Anteil des Leistungspotentials, welcher der Organisation aufgrund der aktuellen Leistungsbereitschaft zur Nutzung zur Verfügung steht, bezeichnet das Leistungsangebot des Menschen.

Für die Organisation ist insbesondere aus Gründen der Stellen- und Personalplanung vor allen diejenige Leistung von Bedeutung, die ohne gesundheitliche Schäden auf Dauer erbracht werden kann.

Dieser Anteil am Leistungspotential bezeichnet die Normalleistung.

Leistungspotential vs. Normalleistung

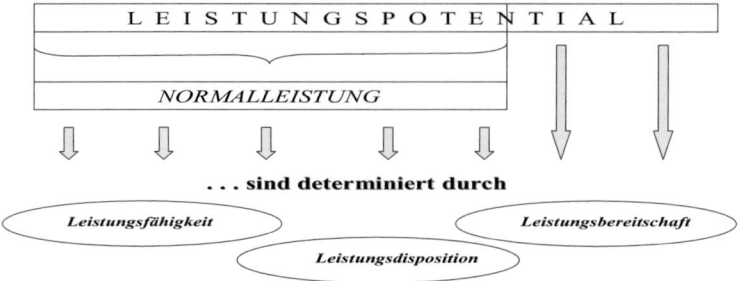

Abb. 14: Leistungspotential und Normalleistung

(Quelle: Eigene)

Sowohl das gesamte Leistungspotential als auch die Normalleistung sind determiniert durch drei Teilkomponenten:

Leistungsfähigkeit

Leistungsdisposition

Leistungsbereitschaft

Die *Leistungsfähigkeit* ist bestimmt von

- dem Erbgut, den Veranlagungen
- Sozialisationsprozessen
- Kenntnissen
- den erworbenen Fähigkeiten und Fertigkeiten

Zu den Bestimmungsgrößen der *Leistungsdisposition* gehören

- Gesundheitszustand
- Lebensalter
- physiologische Leistungsschwankungen.

Im Hinblick auf die Relevanz der Leistungsfähigkeit besteht aus der Sicht der Organisation ein nachvollziehbares Interesse daran zu erfahren, welche Anlagen genetisch vorgegeben sind und welches Entwicklungspotential die veränderbaren Komponenten der Leistungsfähigkeit (noch) besitzen – z.B. im Hinblick auf die Herausbildung von Führungsnachwuchskräften - welche Rückschlüsse und Erwartungen sich aus zertifizierten Angaben (z.B. Schul-Zeugnissen) zur Leistungsfähigkeit tatsächlich ziehen lassen.

Unterschiede bei den Kenntnissen und Fähigkeiten können insbesondere auf die Art bzw. die Länge der formalen (Hoch-) Schulausbildung und Berufsausbildung zurückgeführt werden.

In der Regel wird davon auszugehen sein, dass die Kenntnisse eines Hochschulabsolventen fundierter und differenzierter sind als die eines Mitarbeiters mit dem Abschluss einer Berufsausbildung usw.

Mitarbeiter erwerben außer im Schulbereich auch Kenntnisse im Zuge beruflicher Tätigkeit, die zu einer Erhöhung ihres Wissensstandes führen. Durch organisatorische und personalwirtschaftliche Maßnahmen lassen sich die Fähigkeiten und Kenntnisse der Mitarbeiter ebenfalls erweitern.

Insbesondere Aktivitäten der Fortbildung und Personalentwicklung oder systematischer Arbeitsplatzwechsel (job rotation) und Arbeitserweiterung und -anreicherung (job enlargement, job enrichment) wären hier exemplarisch zu nennen.

Als Leistungsdisposition werden die Faktoren der Schwankungen bezeichnet, die auf die körperliche Konstitution zurückzuführen sind.

Diese Faktoren bedingen, dass das Leistungspotential des Menschen im Ablauf des Tages, der Woche oder des Jahres, Schwankungen unterworfen ist. Nicht zuletzt beeinflusst auch das Lebensalter sowie der allgemeine Gesundheitszustand das Leistungspotential.

Das Lebensalter beeinflusst insbesondere die körperliche Leistungsfähigkeit, indem die körperliche Kraft mit steigendem Alter abnimmt. Für Arbeitsplätze, die dadurch charakterisiert sind, dass sich ein hohes/höheres Maß an Körperkraft voraussetzen, muss folglich mit zunehmendem Alter eine Leistungsminderung verzeichnet werden.

Inwiefern eine vergleichbare Leistungsdegeneration auch für geistige Tätigkeiten angenommen werden muss, erscheint dagegen in der Forschung zunehmend fraglich.[36]

Die Realität bietet eine Vielzahl von Beispielen für Menschen fortgeschrittenen Alters mit hervorragenden geistigen Leistungen. Untersuchungen zeigen vielmehr, dass geistige Prozesse sich im **Alter** zwar wandeln, womit jedoch nur eine Veränderung, nicht aber zwangsläufig eine Verschlechterung einhergeht.

Es bedarf kaum einer weiteren Begründung um nachzuvollziehen, dass der Gesundheitszustand des Mitarbeiters einen erheblichen Einfluss auf seine Leistungsfähigkeit besitzt. Dabei wird man allgemein davon ausgehen kön-

---

[36] Vgl. dazu z. B. Mroß (2009)

nen, dass die körperlichen, psychosozialen und die geistigen Befindlichkeiten in komplexen Wechselbeziehung zueinander stehen.

Auch wenn nicht mit Sicherheit vorhergesagt werden kann, mit welchem Grad der Arbeitgeber Mitarbeiter durch vorbeugende oder helfende Maßnahmen positiv auf den Gesundheitszustand Einfluss nehmen kann, so wird die Tatsache, *dass* durch Maßnahmen des betrieblichen Gesundheitsmanagements auf den Gesundheitszustand positiv eingewirkt werden kann, im Kern nicht in Zweifel zu ziehen sein.

Als unmittelbare **Maßnahmen** des **betrieblichen Gesundheitsschutzes** können z.B. genannt werden:

- Betriebsärztliche Vorsorgemaßnahmen
- Betriebliche Suchtprävention
- Betrieblicher Arbeitsschutzmaßnahmen
- Ergonomisch ausgerichtete Arbeitsplätze

Das menschliche Leistungsvermögen unterliegt im Tagesverlauf Schwankungen. Empirisch lässt sich herzu festhalten, dass bei sehr vielen Menschen eine relativ gleiche tägliche physiologische Leistungskurve besteht, wobei Ausnahmen hier die Regel bestätigen.

Für die meisten Menschen gilt im Allgemeinen, dass sie ihr höchstes Leistungsvermögen etwa um 9.00 Uhr aufweisen. Im Anschluss erfolgt ein kontinuierlicher Leistungsabfall bis zu einem Zwischentief, um etwa 14.00 Uhr. Anschließend steigt die Leistungskurve zu einem höheren Wert, dessen Maximum gegen 18.00 Uhr erreicht wird. Danach tritt ein rapider Leistungsabfall ein, dessen Tiefstand etwa zwischen 2.00 und 3.00 Uhr nachts liegt.

3.4.3 Konzeptionen von Motivation und Leistungsbereitschaft

Die Frage danach, wie viel bzw. welchen Anteil seiner Leistungsfähigkeit ein Mitarbeiter konkret in den Arbeitsprozess einbringen will, wird über den Begriff der Leistungsbereitschaft bzw. der Motivation erfasst.

In der folgenden Abbildung wird die Komponente der Leistungsfähigkeit über das „Können" und die Leistungsbereitschaft über das „Wollen" abgebildet.

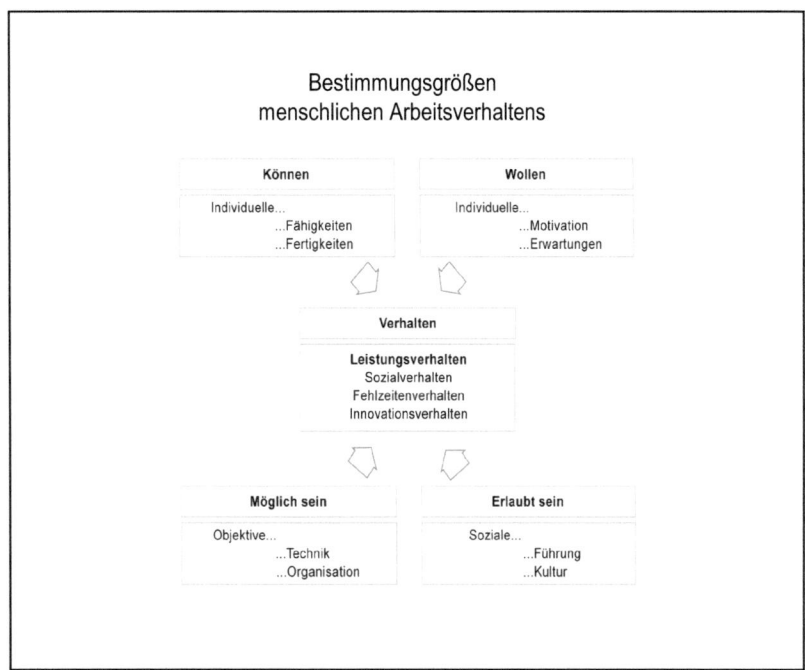

Abb. 15: Bestimmungsgrößen des menschlichen Arbeitsverhaltens

(Quelle: Kolb 2008, 362)

Die Bereitschaft zur Leistungserbringung ist wiederum – neben anderen Determinanten – davon abhängig, ob über (Arbeits-) Verhalten bestimmte Motive befriedigt werden können. In der Psychologie bezeichnet ein Motiv positiv bewertete und potentiell angestrebte (Ziel-) Zustände, bezüglich denen Verhaltensbereitschaften bestehen.[37]

Motivation hingegen bezeichnet eine momentane Gerichtetheit auf ein bestimmtes Handlungsziel.[38]

Darüber, wie Bedürfnisse, Motive, Motivation, Verhalten etc. zusammenhängen, bestehen verschiedene Konzeptionen, die an dieser Stelle nicht dargestellt werden können. Die Abbildung 16 vermittelt einen Einblick.

---

[37] Heckhausen (1989, 16)
[38] Heckhausen (1989, 2 f.)

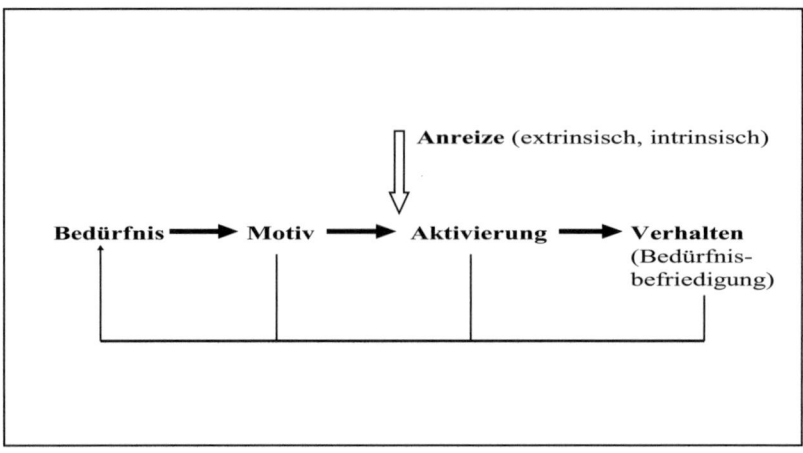

Abb. 16:   Ein einfaches Motivationsmodell

(Quelle: Staehle 1999)

- Theorien, also i.w.S. Annahmen darüber, *wie* der Motivationsprozess abläuft und *was* Menschen motiviert, lassen sich unterscheiden nach:

  - Inhaltstheorien   • Prozesstheorien

Inhaltstheorien fragen grob gesagt danach, was Menschen motiviert, während Prozesstheorien den Vorgang bzw. den Prozess der Motivation zu erfassen versuchen.

3.4.3.1 Bedürfnispyramide nach Maslow

Aus dem Bereich der Inhaltstheorien ist die so genannte Bedürfnispyramide nach Maslow wohl die bekannteste Theorie der Motivation.

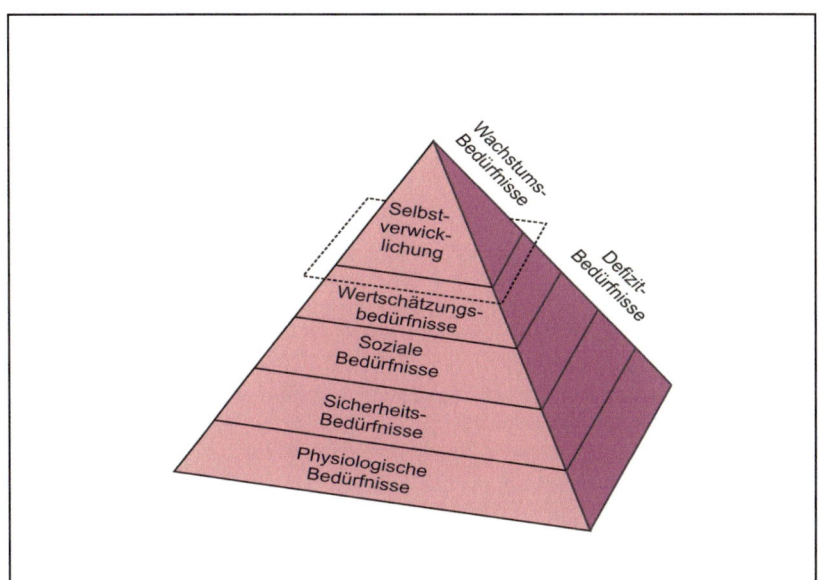

Abb. 17: *Bedürfnispyramide nach Maslow*

(Quelle: Schreyögg/Koch 2007, 188)

Diese Theorie geht davon aus, dass ein übergeordnetes Bedürfnis erst dann befriedigt werden kann, wenn die darunter liegenden Bedürfnisse erfüllt wurden.

- Dabei werden die unteren vier Stufen als Defizitbedürfnisse bezeichnet, die beiden oberen Stufen als Wachstumsbedürfnisse. Wachstumsbedürfnisse zeichnen sich dadurch aus, dass sie – wie das Bedürfnis nach Selbstverwirklichung - nie vollständig befriedigt werden können; Defizitbedürfnisse hingegen schon.

- Die Erfüllung der physiologischen Grundbedürfnisse wie Essen, Trinken, Schlafen ist für die menschliche Existenz unverzichtbar. Auf der Stufe der Sicherheitsbedürfnisse strebt der Mensch nach wirtschaftlicher Sicherheit und dem Schutz vor drohenden Gefahren und Risiken. Soziale Bedürfnisse umfassen Themen wie Geborgenheit und Schutz in gesellschaftlichen Gruppen.

- Auf der vierten Stufe strebt der Mensch nach Anerkennung und Wertschätzung durch seine Mitmenschen, was im Berufsleben auf Arbeitskollegen und Vorgesetze hinausläuft.

- Auf der obersten Bedürfnisstufe schließlich strebt der der Mensch nach Selbstverwirklichung bzw. auch weltanschaulicher Orientierung.

Innerhalb der Organisation kann und sollte versucht werden, dass diese Bedürfnisse mit befriedigt werden können. Um dieses zu erreichen, kann die Organisation entsprechende strukturelle Anreize setzen und Rahmenbedingungen schaffen. Die nachstehende Übersicht gibt hierzu erste allgemeine Hinweise.

Selbstverwirklichung
- Weitestgehende Selbständigkeit der Aufgabenerfüllung bei Selbstverwirklichung im Arbeitsleben.
- „Sabbat Jahr" zur Ermöglichung von Selbstverwirklichung außerhalb des Arbeitslebens.

Anerkennung / Wertschätzung
- Übertragung von Kompetenzen, Entscheidungsbefugnisse
- Amtstitel mit Statuswirkung
- Materielle und immaterielle, verbale Wertschätzung

Soziale Bedürfnisse
- Ermöglichung von Kommunikation am Arbeitsplatz
- Bindungsstiftende Veranstaltungen wie Betriebssport, Weihnachtsfeiern etc.
- Schutz gegen „Mobbing"/Soziale Ausgrenzung

Sicherheitsbedürfnisse
- Sicheres Einkommen
- Altersvorsorge
- Maßnahmen des Arbeits- und Gesundheitsschutzes

Physiologische Grundbedürfnisse
- Kantine
- Wohnraum i.S.v. „Werks-/Dienstwohnungen"

Abb. 18: Ansatzpunkte zur betrieblichen Bedürfnisbefriedigung

(Quelle: Eigene)

Die Theorie von Maslow ist in der Literatur in vielfältiger Weise kritisiert worden. Kritikpunkte beziehen sich etwa darauf, dass sie sich empirisch selten bewährt hat und das bezweifelt wird, inwiefern die beschriebene Hierarchie von Bedürfnissen auch außerhalb der westlichen Zivilisation Geltung besitzt.

3.4.3.2 Die „Zwei-Faktoren-Theorie" nach Herzberg

Ebenfalls der Kategorie der Inhaltstheorien zuzuordnen ist die so genannte Zwei-Faktoren-Theorie nach Herzberg.

Die Theorie basiert auf einer Befragung. Im Zuge der so genannten „Pittsburgh-Studie" befragten Herzberg und Mitarbeiter rund 200 Buchhalter und Techniker über angenehme und unangenehme Arbeitssituationen. Genau genommen zielt die Theorie daher auch auf die Bedingungsgrößen von (Arbeits-) Zufriedenheit ab, wobei hier ein enger Zusammenhang zur Leistungsbereitschaft evident erscheint.

Als wichtigste Erkenntnis ist dabei die Aussage anzusehen, dass Zufriedenheit und Unzufriedenheit zwei verschiedene, überwiegend unabhängige Dimensionen darstellen.

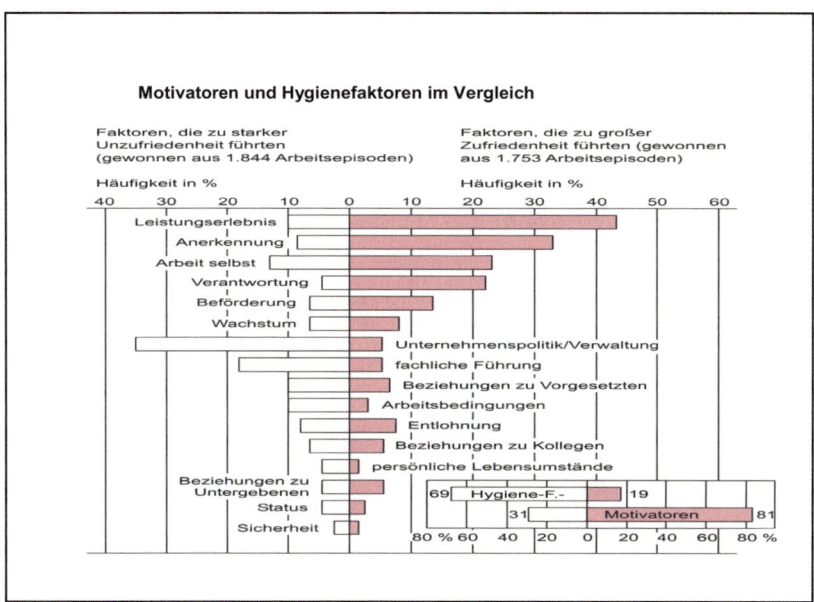

Abb. 19: Zwei-Faktoren-Theorie nach Herzberg

(Quelle: Schreyögg/Koch 2007, 192)

Wie die Abbildung verdeutlicht, geht Herzberg davon aus, dass so genannte Hygienefaktoren dazu beitragen, dass Menschen unzufrieden oder im positiven Fall zumindest *nicht-unzufrieden* (nicht: zufrieden!)sind.

Anders formuliert: Werden Hygienefaktoren nicht ausreichend erfüllt, entsteht Unzufriedenheit. Hygienefaktoren vermögen es aber *nicht*, Zufriedenheit herzustellen. Zufriedenheit kann nur durch so genannte Motivatoren hergestellt werden.

Als konkrete Maßnahmen die Mitarbeiterzufriedenheit (und damit vermutlich die Leistungsbereitschaft) zu erhöhen, plädiert Herzberg insbesondere für solche Maßnahmen, die das Tätigkeitsfeld des Einzelnen bereichern (Abbild. 19), wie z.B. „job enrichment".

Als Kritik des Ansatzes wird vor allem auf die Reproduktionsmöglichkeit der Ergebnisse abgestellt. So bestätigen sich die Herzberg´schen Aussagen immer dann, wenn genau so gefragt wurde, wie Herzberg es tat. Andere Untersuchungsmethoden konnten die Ergebnisse hingegen nicht bestätigen.

3.4.3.3 Erwartungs-Valenz-Modell (VIE Theorie)

Wie oben bereits angesprochen wurde, liegt der Fokus der Betrachtung von Prozesstheorien der Motivation auf der Frage, *wie* Motivation oder Leistungsbereitschaft entsteht.

Dazu sind durch die motivationspsychologische Forschung eine Reihe von Theorien aufgestellt worden, von denen die so genannte Erwarungs-Valenz-Theorie (syn. VIE-Theorie) hier einmal in ihren Grundzügen dargestellt werden soll.

Die Theorie geht auf Vroom zurück, der für seine Theorie drei Begriffe unterscheidet.

- Valenz: Darunter kann eine Art Wertigkeit von Handlungen/Handlungsfolgen verstanden werden, d.h. die Valenz eines Handlungsergebnisses gibt darüber Auskunft, wie positiv oder negativ eine Person das (mögliche) Ergebnis einer bestimmten Handlung bewertet.

- Instrumentalität: Darunter wird der Verbindungsgrad zwischen einem Handlungsergebnis und einer Handlungsfolge verstanden, wobei dieser Wert zwischen (-1) „völlig ungeeignet und (+1) „sehr gut geeignet" schwanken kann.

- Erwartung: Darunter wird die individuell subjektiv eingeschätzte Wahrscheinlichkeit verstanden, dass eine bestimmte Handlung auch zu dem gewünschten Handlungsergebnis führt.

Die daraus abzuleitende Kernaussage verdeutlicht die folgende Abbildung 20.

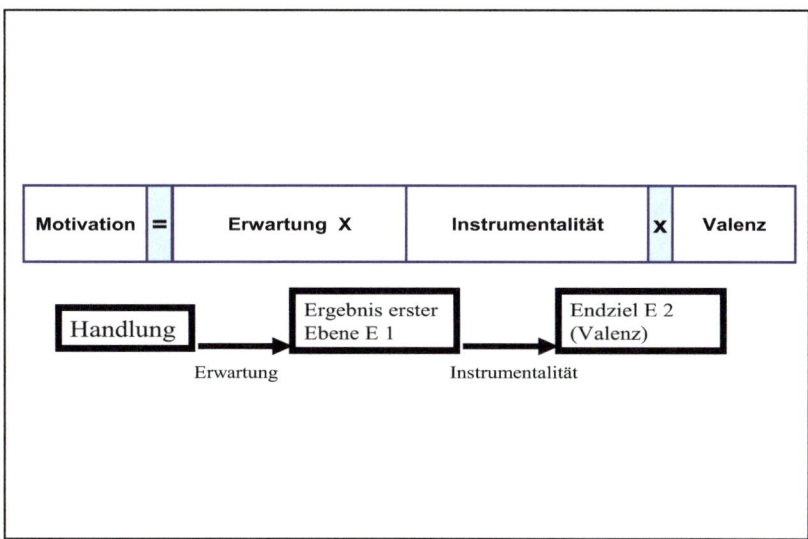

Abb. 20: *Erwartungs-Valenz-Modell nach Vroom*

(Quelle: nach Bröckermann 2003, 372)

Die „Handlung" ist Mittel für „E 1". Dieses wiederum ist Mittel für „E 2"

Es ist demnach für den Einzelnen abzuschätzen, inwieweit die Handlung zu dem eigentlich angestrebten Endziel E 2 führt. Die Abschätzung beeinflusst letztlich die Bereitschaft sich entsprechend anzustrengen bzw. „motiviert zu sein".

Beispiel:

> Die Person ist als Endziel an einem höheren Lebensstandard interessiert (E 2). Die Person geht davon aus, dass eine Beförderung – als Zwischenziel (E 1) - dazu geeignet ist, dieses Endziel zu erreichen. Die Beförderung ist folglich ein „Mittel" (oder Instrument) für den höheren Lebensstandard. Die Person hat nun abzuschätzen, inwiefern die Handlung „besse-res/schnelles Arbeiten" dazu geeignet ist, das Ziel E 1 (Beförderung) zu er-reichen und damit dem E 2 (höherer Lebensstandard) ein ganzes Stück näher zu kommen.

Es ist offensichtlich, dass die Motivation besser/schneller zu arbeiten höher sein wird, wenn die Person *denkt*, dass solches Verhalten maßgeblich für Be-förderungen ist, als im umgekehrten Fall, wenn die Person *denkt*, dass Be-förderungen nichts mit Arbeitsverhalten zu tun haben, sondern andere Gründe (Beziehungen, Parteibuch etc.) maßgeblich sind.

3.4.4 Anreiz und Leistung in Sozialwirtschaft und öffentlichen Dienst

3.4.4.1 Grundlagen

Es bedarf im Grunde keiner weiteren Begründung, dass der Leistungsgedanke, also der Zusammenhang von Anreiz und Leistungsbereitschaft, auch bei den Beschäftigten der Sozialwirtschaft und analogen Bereichen des öffentlichen Dienstes eine bedeutende Rolle spielt. Dabei gilt es jedoch zu beachten, dass die Relevanz des Anreizinstrumentes „Entgelt" häufig – insbesondere, was die Dauer des Anhaltens der Anreizwirkung angeht - überschätzt wird.

Gerade die o.g. Arbeiten von Maslow und Herzberg haben deutlich gemacht, dass Entgelt (wenn überhaupt, dann nur) ein Anreizfaktor unter mehreren darstellt.

Für die Sozialwirtschaft und den öffentlichen Dienst kommt überdies das grundsätzliche Problem hinzu, dass die Ressourcen für empirisch belegbare, signifikante Erhöhungen der Leistungsbereitschaft aufgrund von Entgeltkomponenten regelmäßig gar nicht zur Verfügung stehen.

3.4.4.2 Leistungsprinzip

Die Frage nach der leistungsgerechten Entlohnung kann zunächst an der Fragestellung ansetzen, ob bzw. inwiefern eine *gerechte* Entlohnung (Bezahlung) der Beschäftigten den individuellen Leistungsbeiträgen des konkreten Mitarbeiters entspricht. Als gerecht kann dabei diejenige Entlohnung angesehen werden, die den definierten oder erwarteten Anforderungen des Arbeitsplatzes entspricht.

Die Forderung nach einer leistungsgerechten Entlohnung ist demnach eng verbunden mit der Frage nach einem *gerechten* Lohn.

Abstrakt wird ein Entgelt für Arbeit i.d.R. dann als gerecht angesehen, wenn es, dem individuellem Empfinden des Einzelnen nach, einen angemessenen Ausgleich für den erbrachten oder erwarteten Leistungsbeitrag darstellt. In der Praxis findet oft eine komplexe Beurteilung der eigenen Entlohnungssituation mindestens in zweifacher Hinsicht statt (Abbild. 21).

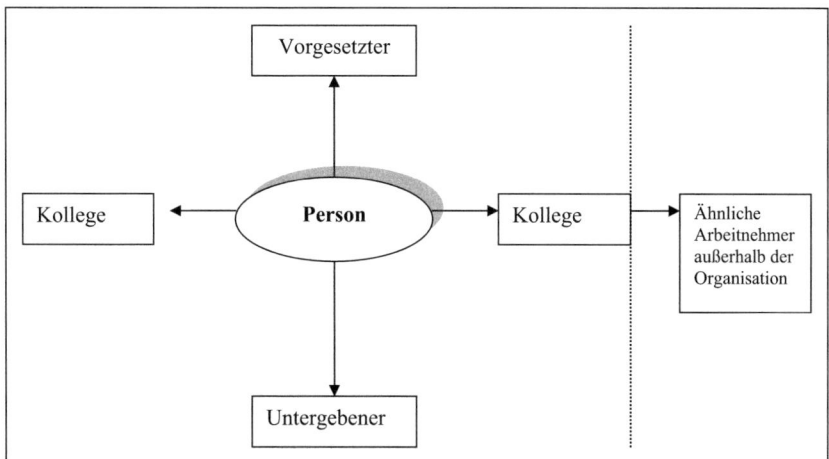

Abb. 21: *Wahrgenommene Entgeltgerechtigkeit*

(Quelle: Eigene)

Einerseits beeinflusst die Ausprägung des Entgeltabstandes von der „Person" des Mitarbeiters zu seinem Vorgesetzten und – soweit vorhanden – zu seinen unterstellten Mitarbeitern sein Gerechtigkeitsempfinden (vertikaler Vergleich). Andererseits beeinflusst auch das horizontale Gehaltsgefüge innerhalb, als auch außerhalb, der Organisation die individuelle Beurteilung der Person hinsichtlich des gerechten Entgeltes (horizontaler Vergleich).

Eine Entlohnungsart, die unmittelbar auf den betrieblichen Leistungsbeitrag Bezug nimmt und insofern i.S.d. obigen Beschreibung als *gerecht* anzusehen wäre, stellt z.B. die Prämienentlohnung – etwa in Form einer Verkaufsprämie dar. Wird beispielsweise je verkauften PKW dem Verkäufer eine Prämie ausgezahlt, ist der Zusammenhang von Leistungsbeitrag und Entgelthöhe eindeutig.

In der Sozialwirtschaft besteht diese Art von direkter Beziehung selten, wobei aber auch in der gewinnorientierten Privatwirtschaft ein derart unmittelbarer Zusammenhang für weite Teile der Mitarbeiterschaft nicht zutrifft.

Zu denken sei etwa an die Buchhaltung, das Sekretariat oder den Ingenieurbereich etc. Die fehlende Unmittelbarkeit von Entgelt und Leistung ist folglich keineswegs ein Sonderproblem der Sozialwirtschaft oder des öffentlichen Dienstes und sollte daher auch nicht als Argument für den gänzlichen Verzicht auf ein leistungsorientiertes Entgelt gelten dürfen.

Dennoch lässt sich die Tatsache nicht verkennen, dass die Anwendung des Leistungsprinzips, wie es etwa durch die Verkaufsprämie oder auch den reinen (Stück-)Akkordlohn zur Geltung kommt, in der Sozialwirtschaft erheblichen Schwierigkeiten unterliegt. Dies ist insbesondere auf folgende Aspekte zurückzuführen:

- Eine exakte Bemessung von qualitativen Leistungen ist allgemein problematisch

- Leistungs- und Zielvorgaben fehlen bzw. sind oft nicht ausreichend deutlich definiert

- Die Aufgabenstellungen z. B. bei einem großen Träger der Freien Wohlfahrtspflege sind sehr heterogen, so dass viele Arbeitsbereiche nicht miteinander verglichen werden können.

- Die Beschäftigten besitzen in vielen Arbeitsbereichen keinen Einfluss auf die Menge der anfallenden Arbeiten, so kann z. B. die Leitung der Suchtberatungsstelle nicht die Anzahl der Beratungsnachfragen direkt beeinflussen.

Neben den oben bezeichneten Hemmnissen, die im Kern auf die Kriterien der Unmittelbarkeit, Vergleichbarkeit und quantitative Messung abstellen, gibt es weitere Einschränkung zur Umsetzung des Leistungsprinzips in der Sozialwirtschaft und öffentlichen Verwaltung. Die beiden Sektoren liegen hier recht eng beieinander, da sich etwa die Arbeitsvertragsrichtlinien (AVR) von Caritas und Diakonie traditionell stark an den Tarifvertrag für den öffentlichen Dienst (TVöD) anlehnen.

- Im öffentlichen Dienst und Sozialwirtschaft besteht nach vor wie ein sehr hoher Grad der Arbeitsplatzsicherheit. Beamte können nur unter bestimmten Bedingungen aus dem Beamtenverhältnis entlassen werden. Beschäftigte, d.h. Angestellte und Arbeiter sind auch nach dem TVöD (s. unten) in der Regel nach 15 Beschäftigungsjahren bzw. 40 Lebensjahren nicht mehr ordentlich kündbar. Analogen Regelungen bestehen z.B. auch für die Beschäftigten der Caritasverbände.

- Die Dienstbezüge der Beamten steigen zumindest in der A-Besoldung mit der Dauer der Beschäftigung bzw. mit zunehmendem Dienstalter (aufsteigende Gehälter), bis zu einer Höchststufe auch ohne dass Mehrleistung gefordert wird.

- Faktisch stehen in den einzelnen Laufbahngruppen nur eine begrenzte Anzahl von Beförderungsstellen zur Verfügung. Ein Aufstieg ist dann häufig auch bei überdurchschnittlicher Leistung nicht bzw. nur zeitverzögert möglich.

- Das Laufbahnrecht sieht vielfach sog. Sperrfristen bei der Beförderung vor.

- Ämterpatronage: Partei- und Vereinspolitische Überlegungen spielen in vielen Fällen bei der Beförderung und Besetzung von Führungspositionen eine nicht unbedeutende Rolle.

- Anciennitätsprinzip: Bei Beförderungen wird, teils aus Tradition, auf das jeweilige Lebensalter der möglichen Kandidaten Rücksicht genommen und ältere den jüngeren vorgezogen.

Die vorangegangenen Ausführungen sollten nicht zu der Annahme führen, dass in der Sozialwirtschaft und öffentlichen Verwaltung das Thema „Anreiz und Leistung" keine Rolle spielt. Auch wenn die Möglichkeiten zur monetären Anreizgestaltung im Vergleich zur Privatwirtschaft zweifellos geringer sind.

Für **Beamte** bestehen hier etwa nach dem Bundesbesoldungsgesetz (BBesG) die folgenden Ansatzpunkte:

- § 42 BBesG: Für herausgehobene Funktionen kann eine Amts- und Stellenzulage gezahlt werden.
- § 42 a BBesG: Für besondere Leistungen können Zulagen und Prämien gezahlt werden.
- § 45 BBesG: Für die befristete Wahrnehmung einer herausgehobenen Funktion kann eine Zulage gezahlt werden.
- § 46 BBesG: Für die Wahrnehmung eines höherwertigen Amtes kann eine Zulage gezahlt werden.

Für den Bereich der angestellten Beschäftigten bestehen vergleichbare Möglichkeiten nach dem Tarifvertrag für den öffentlichen Dienst (TVöD). Entsprechende Ausführungen dazu finden sich im nachfolgenden Kapitel.

Außer diesen rein monetär ausgerichteten Anreizen kann jedoch auch auf Formen des Anreizes zurückgreifen, die nicht unmittelbar auf den Faktor Entgelt abstellen (nicht-monetäre Anreize), wie z.B.:

- Dienstbezeichnungen, Dienststellung usw.

- Arbeitszeitregelungen, z.B. Sabbatjahr

- Weiterbildungsmöglichkeiten

- Zeichnungsrechte

- Anerkennung durch Vorgesetzte

- Statussymbole (Bürogröße, Arbeitsmittel etc.)

3.4.4.3 Tarifvertrag für den öffentlichen Dienst – TVöD

Nach langen Verhandlungen löste zum 1. Oktober 2005 der Tarifvertrag für den öffentlichen Dienst TVöD den bis dahin seit Jahrzehnten geltenden Bundesangestelltentarifvertrag BAT auf Bundes- und Kommunalebene ab. Zum 1. Oktober 2006 erfolgte die Anwendung auf die Landesebene. Der TVöD gilt somit prinzipiell für sämtliche Bereiche des öffentlichen Dienstes.

Die Systematik des TVöD erhält somit in der Sozialwirtschaft für alle direkten und analogen Anwender wie z.b. AVR-Caritas, AVR-Diakonie Relevanz.[39]

Getragen war das Bestreben nach einem neuen Tarifvertrag nicht zuletzt auch von dem Wunsch, den Leistungsgedanken stärker als bisher in die Arbeitsverhältnisse auf der tarifvertraglichen Ebene einfließen zu lassen.

Im § 18 TVöD ist festgelegt, dass zum 1. Januar 2007 ein leistungsbezogenes Entgelt eingeführt wird. Konkret führt dieses dazu, dass zunächst 1 v.H. der Entgeltsumme des Dienstgebers als leistungsabhängiges Entgelt ausgezahlt wird. In einem noch näher zu bestimmenden Endstadium sollen schließlich dann 8 v.H. der Entgeltsumme leistungsorientiert gezahlt werden.

Die für die praktische Umsetzung bedeutsame Frage, aufgrund welcher Bewertungssystematik die Leistungsentlohnung konkret erfolgt, ist auf betrieblicher Ebene zwischen dem Personalrat und dem Dienstgeber im Rahmen einer Dienstvereinbarung zu klären.

Darüber, dass die verfügbare Leistungsentgeltsumme faktisch ausgezahlt wird, besteht für den öffentlichen Dienstgeber kein Ermessensspielraum. Nach § 18 Abs. 3 TVöD besteht Ausschüttungspflicht, wonach für den Fall, dass keine anderweitige Regelung bzw. Dienstvereinbarung existiert, die Ausschüttung nach dem „Gießkannenprinzip" erfolgt.

Die Struktur der leistungsorientierten Entlohnung nach dem TVöD gibt die folgende Abbildung wieder:

---

[39] Vgl. auch Eyer, E. (2010)

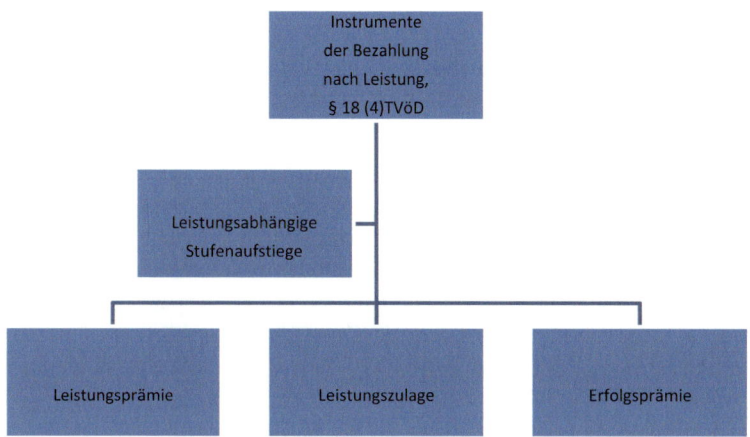

Abb. 22: *Struktur leistungsorientierter Entlohnung nach TVöD*

(Quelle: Eigene)

- Die **Leistungsprämie** stellt eine Einmalzahlung dar. Sie erfolgt regelmäßig auf der Basis einer so genannten *Zielvereinbarung*.

Umsetzung der Leistungsprämie: Es steht zu erwarten, dass sich die Leistungsprämie zu einem bedeutsamen Instrument der Leistungsvergütung entwickeln wird. Die Leistungsprämie kann als Individual- oder auch als Teamprämie gezahlt werden, wobei dann entsprechend eine individuelle bzw. gruppenbezogene Zielvereinbarung bezüglich des konkreten Prämiengegenstandes zu schließen ist.

In der Zielvereinbarung wird anhand operationaler, nachvollziehbarer Kenngrößen/Indikatoren zwischen Mitarbeiter und Dienstgeber vereinbart, wann das Ziel erreicht ist und welche Prämie dann zu zahlen ist. Grundsätzlich gibt es über die Frage, was Gegenstand einer Zielvereinbarung sein kann, keine Restriktionen. Die Ziele sollten jedoch sinnvoller Weise folgende Voraussetzungen erfüllen:

- individuell beeinflussbar
- während der regulären Arbeitszeit realisierbar
- objektiv (möglichst quantitativ) bewertbar

Will der Dienstgeber allgemein geltende Kriterien für Zielvereinbarung aufstellen, dann unterliegen diese der Mitbestimmung des Personalrates (§ 73,

Abs. 3, Nr. 4 PersVG). Für Individualvereinbarungen besteht ein Mitbestimmungsrecht im Regelfall nicht.

- Die Leistungszulage ist eine in der Refgel monatliche Zahlung auf der Grundlage einer betrieblichen Leistungsbewertung. Die Leistungszulage ist widerruflich und zeitlich befristet.

Umsetzung der Leistungszulage: Im Regelfall ist die Leistungszulage das Resultat einer (systematischen) Leistungsbewertung des Mitarbeiters. Die Leistungsbewertung ist wiederum üblicher Weise Bestandteil eines Beurteilungssystems. Beurteilungssysteme dienen dazu, das (Leistungs-) Verhalten der Mitarbeiter systematisch, nach zuvor klar definierten Kriterien, anhand einer nachvollziehbaren Beurteilungsskala zu beurteilen. Als allgemeines Schema unterliegen Beurteilungssysteme der Mitbestimmung durch den Personalrat (§ 75, Abs. 3, Nr. 4 PersVG), Betriebsrat bzw. die Mitarbeitervertretung.

- Die Erfolgsprämie stellt eine Einmalzahlung auf der Basis betrieblicher Erfolgsgrößen dar.

Umsetzung der Erfolgsprämie: Für einen großen Bereich der öffentlichen Verwaltung ist diese Form der Leistungsvergütung eher von geringerer Relevanz.

Diese Prämie ist im Regelfall in Abhängigkeit von Kennzahlen des Unternehmenserfolges (z.B. Bilanzgewinn, Umsatzrendite, Produktivität etc.) und dem jeweiligen Leistungsbeitrag des Mitarbeiters konzipiert. In der Regel eignet sich diese Anreizform daher überwiegend nur für öffentliche Betriebe in privater Rechtsform (z.B. Stadtwerke GmbH) mit Gewinnerzielungsabsicht.

Die nachstehende Abbildung 23 fasst die bisherigen Ergebnisse zusammen.

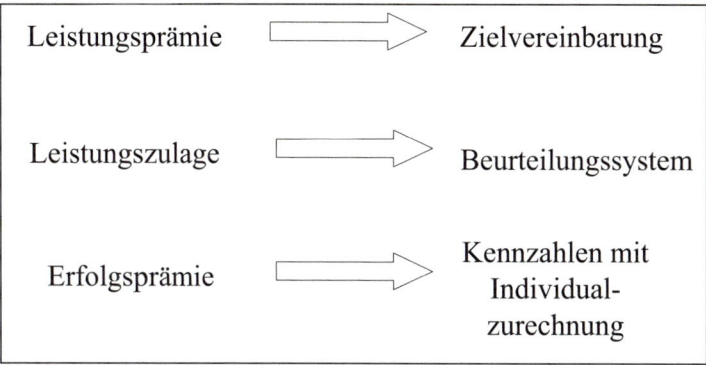

Abb. 23: Hilfsmittel der Leistungsvergütung

(Quelle: Eigene)

- Der leistungsabhängige Stufenaufstieg ermöglicht ein Aufsteigen innerhalb der Entgeltgruppe aufgrund von Leistung

Umsetzung des leistungsabhängigen Stufenaufstiegs: Der TVöD beschreibt in § 17, Abs. 2 eine leistungsabhängige Gestaltung des Stufenaufstiegs innerhalb einer Entgeltgruppe.

TVöD 2012 März - Dezember (Stand 31. März 2012)

Entgelttabelle VKA (+ 3,50%)

EG	Stufe 1	Stufe 2	Stufe 3	Stufe 4	Stufe 5	Stufe 6
15Ü		4.915,99	5.449,11	5.954,18	6.290,91	6.369,47
15	3.854,22	4.276,25	4.433,37	4.994,56	5.421,05	5.701,65
14	3.490,57	3.872,17	4.096,65	4.433,37	4.949,66	5.230,25
13	3.217,84	3.569,14	3.759,95	4.130,31	4.646,61	4.859,87
12	2.884,50	3.198,76	3.647,70	4.040,54	4.545,61	4.770,08
11	2.783,48	3.086,54	3.311,00	3.647,70	4.135,94	4.360,41
10	2.682,46	2.974,28	3.198,76	3.423,24	3.849,73	3.950,75
9	2.369,33	2.626,34	2.761,04	3.120,19	3.400,79	3.625,26
8	2.217,81	2.457,99	2.570,24	2.671,25	2.783,48	2.854,19
7	2.076,40	2.300,86	2.446,77	2.559,01	2.643,19	2.721,76
6	2.035,98	2.255,96	2.368,20	2.474,83	2.547,79	2.620,75
5	1.950,67	2.160,57	2.267,19	2.373,82	2.452,39	2.508,51
4	1.854,15	2.053,94	2.188,62	2.267,19	2.345,76	2.391,77
3	1.823,87	2.020,26	2.076,40	2.166,18	2.233,53	2.295,26
2Ü	1.743,03	1.930,48	1.997,83	2.087,61	2.149,34	2.195,37
2	1.682,43	1.863,13	1.919,25	1.975,38	2.098,82	2.227,91
1		1.499,50	1.526,43	1.560,11	1.591,52	1.672,33

Alle Angaben ohne Gewähr!

Abb. 24a: Entgelttabelle TVöD, Gemeinden

(Quelle: http://www.oeffentlichen-dienst.de)

Für den Sozial- und Erziehungsdienst existieren eigene Entgelttabellen.

Tabellenentgelt der S-Tabelle

Gültig ab 1. August 2011

Erhöhung zum 1. August 2011 um 0,5 %

Entgelt-gruppe	Stufen					
	Stufe 1	Stufe 2	Stufe 3	Stufe 4	Stufe 5	Stufe 6
S 18	3.069,49	3.171,80	3.581,07	3.888,01	4.348,44	4.629,81
S 17	2.762,53	3.043,90	3.376,44	3.581,07	3.990,33	4.230,78
S 16	2.690,92	2.977,40	3.202,50	3.478,75	3.785,70	3.969,87
S 15	2.588,60	2.864,85	3.069,49	3.304,81	3.683,39	3.847,09
S 14	2.557,91	2.762,53	3.018,33	3.222,96	3.478,75	3.657,81
S 13	2.557,91	2.762,53	3.018,33	3.222,96	3.478,75	3.606,64
S 12	2.455,59	2.711,38	2.956,94	3.171,80	3.437,82	3.550,37
S 11	2.353,28	2.660,22	2.793,24	3.120,65	3.376,44	3.529,91
S 10	2.291,88	2.537,44	2.660,22	3.018,33	3.304,81	3.540,14
S 9	2.281,65	2.455,59	2.609,06	2.890,43	3.120,65	3.340,63
S 8	2.189,56	2.353,28	2.557,91	2.849,51	3.115,53	3.325,27
S 7	2.123,06	2.327,69	2.491,41	2.655,11	2.777,89	2.956,94
S 6	2.087,25	2.291,88	2.455,59	2.619,29	2.767,65	2.930,34
S 5	2.087,25	2.291,88	2.445,36	2.527,21	2.639,76	2.834,16
S 4	1.892,85	2.148,64	2.281,65	2.394,20	2.465,82	2.557,91
S 3	1.790,54	2.005,40	2.148,64	2.291,88	2.332,81	2.373,74
S 2	1.713,80	1.811,00	1.882,62	1.964,47	2.046,32	2.128,18

Alle Angaben ohne Gewähr

Abb. 24b: Entgelttabelle TVöD, Sozial- und Erziehungsdienst

(Quelle: http://www.oeffentlichen-dienst.de)

Anders als der alte Bundesangestellten Tarif (BAT) sieht der TVöD keine Bewährungs-, Zeit- oder Tätigkeitsaufstiege mehr vor. Nach den Stufen 1 und 2 im Grundentgelt erfolgt ein weiterer Aufstieg in die Entwicklungsstufen nicht mehr quasi „automatisch", sondern in Abhängigkeit von Beschäftigungsdauer und Leistung. Ein Vorrücken in den Stufen nur aufgrund des ansteigenden Lebensalters findet also nicht mehr statt.

In diesem leistungsorientierten Kontext ist es dann nur folgerichtig, dass der Aufstieg in eine höhere Stufe je nach Leistung zeitlich beschleunigt oder verzögert oder auch ganz ausgesetzt werden kann.

3.4.4.4 Kritische Anmerkung zur Leistungsvergütung

Abschließend gilt es zur praktizierten Leistungsvergütung im sozialen und öffentlichen Sektor einige kritische Anmerkungen zu geben.

Die Motivation von Mitarbeiter kann gesteuert sein von extrinsischen und/oder intrinsischen Komponenten. Extrinsische Motivation zeigt sich in der Form, dass der Mitarbeiter, *weil* er in den Genuss der Belohnung kommen will, ein bestimmtes Verhalten zeigt bzw. unterlässt. Intrinsische Motivation zeigt sich hingegen in der Form, dass der Mitarbeiter aus eigenem Antrieb, ein bestimmtes Verhalten zeigt bzw. unterlässt.

In dem einen Fall arbeitet ein Mitarbeiter ordentlich, um damit eine Belohnung zu erhalten oder eine Rüge zu vermeiden (extrinsische Motivation). In dem anderen Fall arbeitet der Mitarbeiter ordentlich, weil er Ordentlichkeit als selbstverständliche Verpflichtung ansieht (intrinsische Motivation).

Mit der leistungsorientierten Bezahlung kann die Gefahr entstehen, dass bereits vorhandene intrinsische Motivation aufgrund der Leistungsbezahlung durch extrinsische Motivation verdrängt wird. Hinsichtlich des Beispiels bedeutet dieses, dass der Mitarbeiter dann nur noch des Geldes wegen ordentlich arbeitet. Fällt die Belohnung weg, besteht die Gefahr, dass auch die Motivation wegfällt und auch die ursprünglich vorhandene intrinsische Motivation nicht mehr vorhanden ist.

Die Rede ist hier vom so genannten „Verdrängungseffekt", in dem intrinsische durch die extrinsische Motivation verdrängt wird.

Ein anderer Kritikpunkt zielt auf den Aspekt der **Relevanzschwelle**. Es lässt sich die Frage aufwerfen, ob die im öffentlichen Sektor zur leistungsbezogenen Vergütung verfügbaren finanziellen Mittel insgesamt ausreichen, um auf breiterer Ebene für einen wahrnehmbaren Anstieg der Motivation zu sorgen. Vieles spricht dafür, dass die erzielbaren Beträge zu gering sind, um den Einzelnen dauerhaft zu einem Leistungsanstieg zu bewegen; insbesondere wenn man zusätzlich bedenkt, dass es sich in der Vergangenheit auch stets als schwierig umsetzbar erwiesen hat, einmal gewährte Zulagen mit der Begründung einer rückläufigen Leistung wieder einstellen zu wollen.

4 Die Stelle als Organisationsobjekt

4.1 Überblick: Von der Aufgabenanalyse zur Aufbauorganisation

Am Ende von organisatorischen Bemühungen steht in der Praxis regelmäßig eine statische Struktur des Betriebes (der Wohlfahrtsorganisation, der Sozialen Einrichtung, der Verwaltung, der Unternehmung etc.). Diese Struktur gibt den inneren Aufbau des Betriebes wider. Innerhalb dieser Struktur ist festgelegt, *wer/welche Stelle, welche* Aufgaben zu erfüllen hat. Man spricht hier von der Aufbauorganisation.

Daneben ist auch die dynamische Struktur des Betriebes zu beschreiben. Das heißt, es geht um die Frage, aufgrund welcher Abläufe, also *wie* die Arbeitsvorgänge innerhalb des Betriebes erledigt werden. Diesen Teil der Organisation bezeichnet man als Ablauforganisation.

Im Bereich der Stellenbildung wird zunächst ausschließlich der Aspekt der Aufbauorganisation betrachtet.

Um jedem Beschäftigten eines Betriebes/einer Organisationseinheit seine konkreten Aufgaben zuweisen zu können, ist von der Gesamtaufgabe des Betriebes auszugehen. Es stellt sich also die Frage, was ist Gegenstand des Betriebes.

Handelt es sich bei dem Betrieb etwa um die Suchtberatungsstelle eines Wohlfahrtsverband, so ließe sich vereinfacht formulieren, dass die Gesamtaufgabe dieses Betriebes darin besteht, Prophylaxe und Beratung für Suchtproblematiken anzubieten.

Im Rahmen der unten noch ausführlicher behandelten Aufgabenanalyse ist diese Gesamtaufgabe gedanklich in verschiedene Teilaufgaben zu zergliedern. Dazu können verschiedene Kriterien herangezogen werden. Im Falle der Suchtberatungsstelle könnte ein erster Gliederungsaspekt die Gesamtaufgabe z.B. nach einfacher und mehrfacher Abhängigkeit oder nach einzelnen Suchtarten (Spiel-, Drogen, Tablettensucht etc.) aufteilen.

Desto komplexer die Gesamtaufgabe ist, desto tiefer und differenzierter wird dabei die Aufgabenanalyse zu erfolgen haben.

Im Rahmen der sich dann anschließenden Aufgabensynthese werden die zergliederten Teilaufgaben zu sinnvollen Bündeln von mehreren Teilaufgaben zusammengefasst. Eine solche Zusammenfassung bezeichnet man schließlich auch als *Stelle*. Die Stelle ist also ein Bündel von (Teil-)Aufgaben und die kleinste Einheit innerhalb der Aufbauorganisation.

Die Stellenbildung umfasst demnach das Zusammenstellen von sinnvollen Aufgabenbündeln. Dabei ist im Regelfall[40] darauf zu achten, dass diese Zusammenstellung unabhängig von einer konkreten Person erfolgt, so dass auch bei einem Wechsel des Stelleninhabers die Stelle ohne Veränderung der Aufgabenstellung neu besetzt werden kann. Man stellt die Stelle folglich im Hinblick auf einen anonymen Aufgabenträger zusammen.

Die Besetzung der Stellen mit konkreten Personen stellt schließlich keine organisatorische Angelegenheit mehr dar, sondern ist eine Aufgabe der Personalwirtschaft.

4.2 Grundlagen der Stellenbildung

4.2.1 Charakteristika von „Stellen"

Der Gegenstand der Stellenbildung besteht darin aufzuzeigen, nach welchen Gesichtspunkten die Zusammenlegung von Aufgaben und Teilaufgaben erfolgt.

Wie oben bereits festgestellt wurde, ist die Stelle die kleinste organisatorische Einheit. Konzeptionell bezeichnet die Stelle ein nach sinnvollen Kriterien zusammengestelltes Bündel von (Teil-)Aufgaben.

Die „Stelle" ist demnach ein Resultat einer Aufgabensynthese aufgrund einer vorangegangenen Aufgabenanalyse. In diesem Sinne steht die Aufgabensynthese am Beginn der aufbauorganisatorischen *Gestaltung* (nicht: aufbauorganisatorischer *Überlegungen*).

In der Organisationslehre wird eine Stelle durch mehrere allgemeine Charakteristika gekennzeichnet:

- Als abstrakte Zuordnung kennzeichnet die Stelle lediglich den Aufgabenbereich eines abstrakten Stelleninhabers, dem Aufgabenträger.

- Die Stelle wird zunächst losgelöst von räumlichen und zeitlichen Überlegungen konzipiert.

- Die Stelle entspricht im Idealfall dem qualitativen und quantitativen Leistungspotential einer Normalarbeitskraft.

- Die Stelle umfasst die dem Aufgabenbereich entsprechenden Kompetenzen, Verantwortungsbereiche und Befugnisse.

---

[40] Wie im nächsten Abschnitt zu lesen ist, gibt es aber auch Ausnahmen.

4.2.2 Allgemeine Kriterien für die Stellenbildung

In der Organisationslehre wird regelmäßig von folgenden elementaren Alternativen der Stellenbildung ausgegangen:[41]

Funktionsorientierte Stellenbildung

In diesem Fall erfolgt die Stellenbildung aufgrund der Tatsache, dass von den potentiellen Stelleninhabern gleichartige Funktionen bzw. Verrichtungen zu erledigen sind. Entsprechende Informationen könnten insbesondere aufgrund einer vorangegangenen Aufgaben- und/oder Arbeitsanalyse vorliegen.

Gleichartige Verrichtungen (z.B. „beraten" oder „prüfen"), auch wenn diese aus verschiedenen Arbeitsprozessen, also aus verschiedenen Arten des Beratens entstammen, können gebündelt und zu einer Stelle (Stelle des „Beraters" oder „Prüfers") vereinigt werden. Im Beispiel der KFZ-Anmeldestelle könnte die Funktionsorientierung z.B. den Bereich „Erstberatung" umfassen. Die Stelle „Erstberatung" wäre dann für sämtliche erste Beratungsanfragen zuständig, unabhängig davon, ob es sich um Spiel- oder Tablettensucht etc. handelte.

Ein wichtiger Vorteil der funktionsorientierten Stellenbildung besteht darin, dass die potentiellen Stelleninhaber sich spezialisieren und entsprechende Produktivitätsvorteile realisieren können.

Aus organisatorischer Sicht von Nachteil ist insbesondere, dass zwischen den Stellen Schnittstellen entstehen, die einen Abstimmungsbedarf mit sich bringen, so dass mit einem erhöhten Koordinationsaufwand zu rechnen ist.

Die funktionsorientierte Stellenbildung wird aktuell durch Modelle der Prozessorganisation, „Front-Office-Back-Office-Lösungenzum Teil in Frage gestellt.

Objektorientierte Stellenbildung

Im Falle der objektorientierten Stellenbildung steht das Objekt an dem bzw. mit dem gearbeitet wird im Mittelpunkt. Ein Arbeitsobjekt kann dabei sowohl ein materieller Gegenstand (z.B. ein Tisch in der Schreinerei), ein Sachverhalt (z.B. ein Antrag auf Familienhilfen) als auch ein Mensch (z.B. im Rahmen einer individuellen Beratung) sein.

Sämtliche Verrichtungen, die mit diesem Objekt verbunden sind, werden hier auf eine Stelle übertragen.

---

[41] Vgl. auch Schulte-Zuhausen (2002, 144 ff.)

Die Vor- und Nachteile der Objektorientierung entsprechen dabei *umgekehrt* denjenigen der Funktionsorientierung: Spezialisierung ist schwieriger möglich, dafür reduziert sich der Abstimmungs- und Koordinationsbedarf, da sämtliche Tätigkeiten bzgl. dem Objekt in einer Stelle vereinigt sind.

Sachmittelorientierte Stellenbildung (ad instrumentum)

Eine sachmittelorientierte Stellenbildung liegt vor, wenn der Stellenzuschnitt sich in der Hauptsache nach der technischen Ausstattung richtet. In der Praxis ist ein solches Verfahren bislang insbesondere in Bereichen anzutreffen, die hochgradig technisierte Prozesse aufweisen, wie dies etwa in der automatisierten Fertigung der Fall ist.

Zunehmend lässt sich aber beobachten, dass eine stärkere Orientierung an den technischen Gegebenheiten auch in den administrativen Bereich einzieht, zu denken ist hier etwa an i.w.S. „Call-Center"-Arbeitsplätze bzw. auch im Allgemeinen an die vielfältigen (realisierten und geplanten) Möglichkeiten im Rahmen des so genannten e-government und für die so genannte Sozialinformatik[42].

Personenorientierte Stellenbildung (ad personam)

Werden sowohl die Aufgaben als auch der Sachmitteleinsatz auf eine *bestimmte* Person zugeschnitten, liegt Stellenbildung ad personam vor. Kriterien der Stellenbildung sind in diesem Fall die Fähigkeiten, Fertigkeiten, Kenntnisse und Interessen einer konkreten Person.

Es liegt auf der Hand, dass ein solchen Vorgehen nur in Ausnahmefällen erfolgen kann, verbindet sich doch damit die Notwendigkeit, dass die Stelle nach dem Ausscheiden der Person, in dieser Form genau so nicht wieder besetzt werden kann.

Aufgabenorientierte Stellenbildung (ad rem)

In diesem Fall erfolgt der Stellenzuschnitt im Hinblick auf eine fiktive (Durchschnitts-) Person mit einer arbeitswissenschaftlichen abgeleiteten Normalleistung.

Im Gegensatz zur Stellenbildung ad personam werden individuelle Qualifikationen des konkreten Stelleninhabers nicht berücksichtigt, so dass – und darin besteht der Sinn des Verfahrens – diese Stelle grundsätzlich von vielen Personen ausgefüllt werden kann.

---

[42] Vgl. z.B. Kreidenweis, H. (2012)

Stellenbildung aufgrund rechtlicher Normen

Zum Teil und gerade im öffentlichen Sektor erfordern auch rechtliche Normen die Einrichtung von bestimmten Stellen. Typischerweise besitzen solche Stellen den Status von Beauftragten, wie z.B. Datenschutz- oder Frauen-/Gleichstellungsbeauftragten etc.

Prozessorientierte Stellenbildung

Ein Prozess[43] umfasst alle Aufgaben, die zur Erstellung einer Leistung an bzw. für ein Objekt zusammengehören und in logischer Folge anfallen. Personen und Sachmittel werden in diesem Falle entsprechend den Erfordernissen des Arbeitsablaufes/Prozesses zu einer Stelle zusammengefasst.

Eine Stelle umfasst dann den gesamten Prozess mit allen damit einhergehenden Tätigkeiten. Eine Stelle könnte z.B. folgenden Tätigkeiten umfassen: „Antrag entgegennehmen-auf Zuständigkeit prüfen - auf Vollständigkeit prüfen -Verfügung vornehmen - Bescheid versenden".

4.2.3 Zuordnung von Kompetenz- und Verantwortung

Mit der Kombination von Teil-Aufgaben zu einer Stelle ist in der Praxis die organisatorische Aufgabe der Stellenbildung noch nicht endgültig abgeschlossen. Um die gebildeten Stellen gewisser Maßen mit Leben zu erfüllen und sie vor allem praxistauglich zu gestalten, gilt es weitere Feststellungen zu treffen.

In der Praxis könnte sich beispielsweise das Problem stellen, dass Unklarheiten darüber entstehen, auf welche Hilfsmittel (EDV-Programme, Werkzeuge etc.) ein Mitarbeiter zur Aufgabenerledigung zugreifen kann oder es könnte die Frage entstehen, welcher Mitarbeiter zu welchen Themen Anträge stellen oder Entscheidungen treffen kann.

Gerade in größeren Organisationen ist es nicht praktikabel, zu vielen oder gar allen Mitarbeitern eines Organisationsbereiches das Recht zu gestehen, zu sämtlichen Themen entscheidend mitreden zu können oder über sämtliche Vorgänge immer und umfassend informiert zu werden. Ein solches – vielleicht auf den ersten Blick wünschenswert gleichberechtigtes Vorgehen – würde dazu führen, dass die Organisationseinheit nicht zu führen wäre und sich quasi selbst blockieren würde.

Im Rahmen der Stellenbildung sind demnach die Kompetenzen und Verantwortungen, die einer Stelle zugeordnet werden sollen, zu bestimmen. For-

---

[43] Vgl. ausführlicher die Ausführungen zur Prozessorganisation.

mal festgehalten werden diese Inhalte regelmäßig in einer Stellenbeschreibung.

Kompetenzen bezeichnen die zwecks Aufgabenerfüllung notwendigen Handlungsrechte. Die Zuweisung dieser Handlungsrechte wird i.d.R. als Delegation bezeichnet, woraus wiederum die Verantwortung (syn. Verpflichtung) resultiert, diese Kompetenzen auszufüllen. Aufgabe, Kompetenzen und Verantwortung müssen einander entsprechen (Kongruenz-Prinzip der Stellenbildung).

Im Einzelnen lassen sich die folgenden Kompetenzarten unterscheiden:[44]

- *Ausführungskompetenz*: Das Recht, im Rahmen einer übertragenen Aufgabe tätig zu werden und dabei in einem bestimmten Rahmen das Vorgehen und den Rhythmus des Arbeitens selbst zu bestimmen.

- *Verfügungskompetenz*: Das Recht, über Objekte oder Hilfsmittel zu verfügen, auch wenn sich diese (noch) nicht im Besitz der Stelle befinden. Ein solches Hilfsmittel stellt z.B. ein Werkzeug dar, kann aber auch eine Information sein. Der Stelleninhaber hat dann das Recht z.B. das Werkzeug oder die Information zu erhalten.

- *Antragskompetenz*: Das Recht zu beantragen, dass – von einer vorgesetzten Stelle – über einen bestimmten Sachverhalt entschieden wird. Gerade wenn der Stelleninhaber dem Vorgesetzten fachlich überlegen ist, geht es darum, den Antrag auf Entscheidung so vorzubereiten, dass der Vorgesetzte auch unter Berücksichtung anderer Aspekte, die dem Antragsteller ggf. unbekannt sind, zu einer Entscheidung kommen kann.

- *Entscheidungskompetenz*: Das Recht zwischen mehreren Handlungsalternativen in eigener Verantwortung zu wählen. Diese Kompetenz ist insbesondere dort notwendig, wo sich Handlungen nicht im Vorfeld vollständig festlegen lassen. Als ein Unterpunkt ist hier die Richtlinienkompetenz aufzuführen, die darin besteht, für untergeordnete Stellen Rahmenbedingungen bzw. Grundsätze ihres Handelns zu erlassen.

- *Mitsprachekompetenz*: Diese Kompetenz kann weiter danach unterteilt werden, ob die Auffassung des Stelleninhabers lediglich angehört werden muss, bevor es zu einer Entscheidung kommt (*Anhörungsrecht*), er nur zustimmen oder ablehnen kann (*Vetorecht*) oder er ein vollständiges *Mitentscheidungsrecht* besitzt. Im Kern laufen diese

---

[44] Hill/Fehlbaum/Ulrich (1994, 125 ff.)

Kompetenzen darauf hinaus, dass eine Entscheidung nicht ohne eine Art der Konsultation getroffen werden kann.

- *Anordnungskompetenz*: Syn. auch Weisungskompetenz, meint das Recht anderen Stellen zu einem Tun zu veranlassen. Notwendiger Weise muss die Anordnungskompetenz immer mit der Entscheidungskompetenz verbunden sein, um getroffene Entscheidungen auch umsetzen zu können. Die Anordnungskompetenz ist des Weiteren derart zu spezifizieren, dass deutlich wird, welche Stelle welcher anderen Stelle hinsichtlich welcher Inhalte Anordnungen geben darf.

- *Vertretungskompetenz*: Das Recht die Organisation oder klar abgegrenzte Teilbereiche der Organisation nach außen insbesondere gegenüber Externen vertreten zu können bzw. im Namen der Organisation zu sprechen. In letzter Konsequenz ist damit z.B. die Befugnis gemeint, im Namen der Organisation rechtswirksame Verpflichtungen einzugehen.

Für die praktische Arbeit ist es unverzichtbar, dass mit der Zuweisung von Kompetenzen auf eine Stelle dieser auch Möglichkeiten angeräumt werden müssen, *Sanktionen* zu ergreifen oder einzuleiten für den Fall, dass andere die jeweilige Kompetenz missachten. Kommen unterstellte Mitarbeiter z.B. erteilten rechtmäßigen Weisungen (s. Anordnungskompetenz) nicht nach, muss der Stelleninhaber die Möglichkeit besitzen, dieses Verhalten zu bestrafen bzw. eine Bestrafung einzuleiten.

4.3 Aufgabenanalyse

4.3.1 Grundlagen der Aufgabenanalyse

Die Aufgabenanalyse bezeichnet die systematische Zerlegung und Gliederung einer Gesamtaufgabe in Aufgaben bzw. Teil-Aufgaben.[45]

In der klassischen deutschsprachigen betriebswirtschaftlichen Organisationslehre besitzt das „Analyse-Synthese-Konzept" einen hohen Stellenwert.[46] In dieser Sichtweise von *Organisation* steht die Aufgabe im Mittelpunkt:

---

[45] Der Begriff der *„Arbeits*-Analyse" wird im Rahmen dieser Einführung nicht weiter behandelt. Die Arbeitsanalyse geht weiter in die Tiefe und bezeichnet die systematische Zergliederung einer Aufgabe bis auf die Ebene von Tätigkeiten (z.B. Handgriffen) herunter.

[46] Vgl. dazu umfassend die immer noch lesenswerte Arbeit von Kosiol (1962, 42 ff.)

Im Zuge der Aufgabenanalyse wird die Gesamtaufgabe einer Organisation (Unternehmen, Verwaltungen etc.) in Teilaufgaben zergliedert.

Vor dem Hintergrund der Stellenbildung dient diese Zerlegung, wie oben bereits angesprochen wurde, dazu, anschließend die Teilaufgaben sinnvoll zu bündeln bzw. zu kombinieren. Die damit entstandene Bündelung von Teilaufgaben ist eine Stelle.

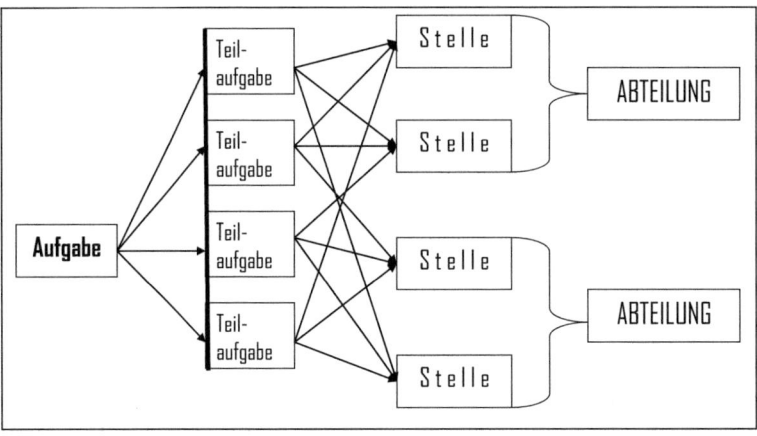

Abb. 25: Aufgabenanalyse und Aufgabensynthese

(Quelle: Verändert nach Bleicher 1991, 9)

Kosiol bezeichnet Aufgaben als Zielsystem für zweckbezogene menschliche Handlungen. Eine Aufgabe lässt sich danach anhand von fünf Bestandteilen charakterisieren:[47]

---

[47]   Kosiol (1962, 43)

a) Jede Aufgabe enthält (1) einen Verrichtungsvorgang, der als Arbeitsprozess, der durchzuführen ist, auftritt; er ist entweder rein (überwiegend) geistiger Natur oder (meist) eine Kombination von geistiger und körperlicher Tätigkeit.

b) Jede Aufgabe erstreckt sich (2) auf einen Gegenstand (Objekt), an dem sich die geforderte Tätigkeit (Arbeit) vollziehen soll; er ist entweder persönlicher oder sachlicher Natur.

c) Jede Aufgabe erfordert in der Regel den Einsatz von (3) sachlichen Hilfsmitteln (Sach- oder Arbeitsmitteln); diese dienen der Durchführung des Arbeitsprozesses.

d) Jede Aufgabe ordnet sich in (4) Raum und (5) Zeit als den Grundkategorien ein, in denen sich für die menschliche Erfahrungswelt alles Geschehen abspielt.

Man kann diesen Zusammenhang auch in Frageform ausdrücken:

1. Wie, durch welche Art von Tätigkeit (Verrichtung) soll die Aufgabe gelöst werden?

2. Woran, an welchem Gegenstand (Objekt) soll die Verrichtung vollzogen werden?

3. Womit, mit welchen sachlichen Hilfsmitteln (Arbeitsmitteln) soll die Aufgabenerledigung erfolgen?

4. Wo, an welchem Ort (Raum) soll die geforderte Tätigkeit stattfinden?

5. Wann, zu welcher Zeit soll die gestellte Aufgabe erfüllt werden?

4.3.2 Gliederungskriterien der Aufgabenanalyse

Es wird deutlich, dass die Aufgabenanalyse im Wesentlichen dazu dient, einen Überblick über die zu verteilenden Teilaufgaben zu gewinnen.

Um diesem Überblick eine gewisse Systematik zu verleihen, wird in Anlehnung an die o.g. Bestandteile von Aufgaben die Aufgabenanalyse üblicher Weise anhand folgender **Gesichtspunkte einer Aufgabe** durchgeführt:

(1) Nach den Verrichtungen
(2) Nach den Objekten
(3) Nach dem Rang
(4) Nach der Phase

Abb. 26: Kriterien der Aufgabenanalyse

(Quelle: Eigene)

- Das Gliederungskriterium Verrichtung bezeichnet die Art der Leistung, die erbracht werden soll. Es handelt sich dabei i.w.S. um eine Tätigkeit, die an oder mit einem Objekt erledigt werden soll. Bezogen auf das *Beispiel* der Suchtberatung, könnte die Gliederung hier nach „Beraten" und „Kontakaufnahme" differenzieren. Die nachstehende Abbildung zeigt ein weiteres Beispiel.

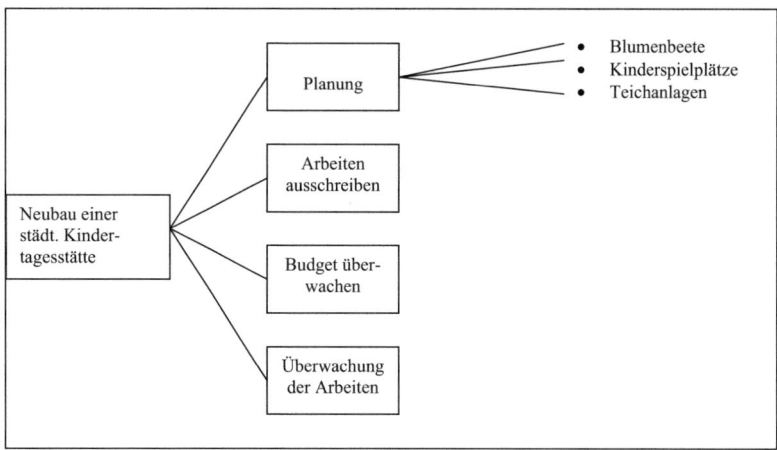

Abbild. 27: Beispiel: Aufgabenanalyse nach Verrichtungen

(Quelle: Eigene)

- Das Kriterium Objekt, auf das sich die Verrichtungen beziehen bzw. mit dem diese durchgeführt werden, kann sowohl materieller Natur (ein Gegenstand, eine Person) als auch immaterieller Natur (Informationen, Rechte etc.) sein. Ein Beispiel für die Verrichtung „Pflege" wäre eine Differenzierung nach „Alte Menschen" und „Behinderte Men-

schen", „Zweiräder" oder auch nach „Privat", „Gewerbliche" denkbar.
Die folgende Abbildung zeigt ein weiteres Beispiel.

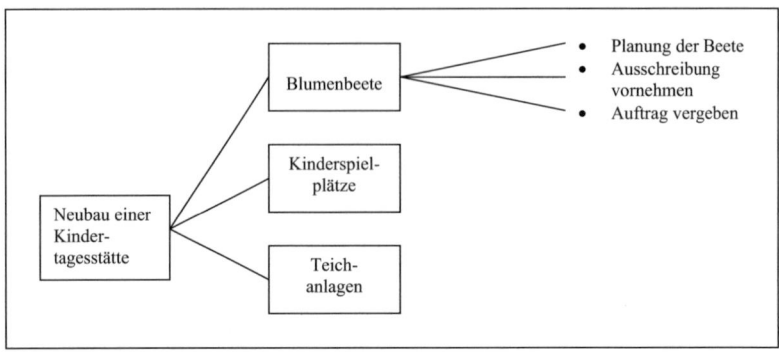

Abb. 28: Beispiel: Aufgabenanalyse nach Objekten

(Quelle: Eigene)

- Das Gliederungskriterium „Rang" stellt auf die Tatsache ab, dass die
Teilaufgaben innerhalb der Gesamtaufgabe eine unterschiedliche Bedeutung und auch Wertigkeit/Wichtigkeit besitzen. Ihr Rang ist also
unterschiedlich. Die Ranganalyse unterscheidet zwischen Entschei-
dungs- und Ausführungsaufgaben und ist insbesondere im Hinblick auf
die spätere Herausbildung von Leistungs-/Entscheidungsstellen und
Ausführungsstellen bedeutsam. In gewisser Weise wird demnach bereits hier der hierarchischen Gliederung der Organisation der Weg be-
reitet.

Als *Beispiele* wären wiederum Verrichtungen zu nennen, die aber qualitativ differenziert nach Entscheidung oder Ausführung zu sortieren
wären. In dem einen Fall geht es etwa um die Entscheidung zur Durchführung einer Drogenberatung, in dem anderen Fall um die eigentliche
Durchführung der Beratung. Die nachstehende Abbildung zeigt ein
weiteres Beispiel.

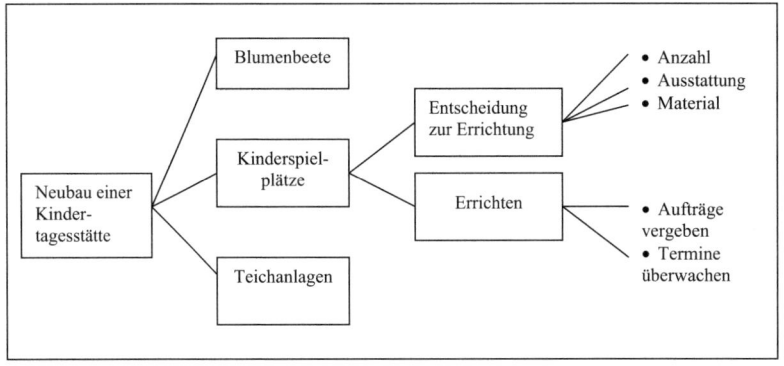

Abb. 29: Beispiel: Aufgabenanalyse nach Objekt, dann nach Rang

(Quelle: Eigene)

- Bei der Gliederung nach den Phasen erfolgt die Differenzierung nach den Teilaufgaben Planung, Umsetzung, Kontrolle. Es gilt bei diesem Kriterium die Annahme, dass jede Aufgabenerledigung in einen Prozess eingebunden ist, der sich aus den Abschnitten Planung der (Teil-) Aufgabe, Umsetzung des Geplanten und Kontrolle des Geplanten zusammensetzt.

Bezogen auf das *Beispiel* muss zunächst geplant werden, wie z.B. eine Maßnahme zur Suchtprävention erfolgen soll, die geplante Art und Weise der Prävention wird praktiziert und schließlich wird geprüft, ob die Maßnahme tatsächlich in der geplanten Weise umgesetzt wurde. Die nächste Abbildung zeigt ein weiteres Beispiel.

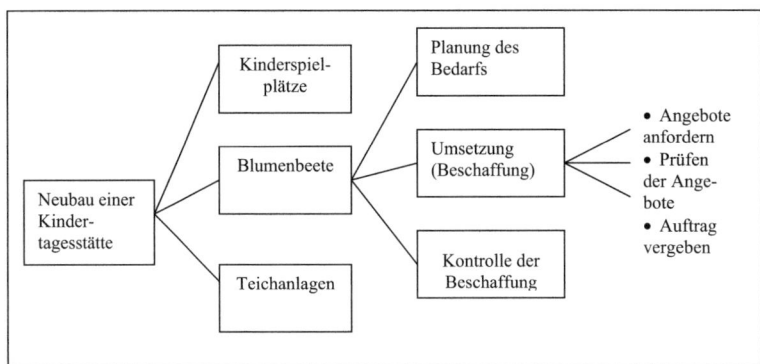

Abb. 30: Beispiel: Aufgabenanalyse nach Objekt, dann nach Phase

(Quelle: Eigene)

- Unter dem Gesichtspunkt der Zweckbeziehung schließlich wird nach primären und sekundären Teilaufgaben differenziert. Primäre Aufgabe einer Wohlfahrtsorganisation sei – grob gesprochen - die Hilfe bei sozialen Problemlagen, während etwa das Angebot von Kuren und Erholungsaktivitäten zu den sekundären (Neben-)Tätigkeiten zu rechnen ist.

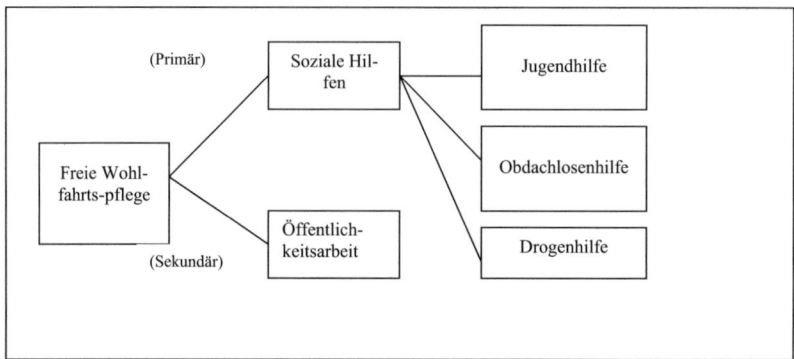

Abb. 31: *Beispiel: Aufgabenanalyse nach dem Zweck, dann nach Objekt*

(Quelle: Eigene)

Die Gliederung von Aufgaben lässt sich nach „Und-Gliederung" und „Oder-Gliederung" vornehmen.

Kombiniert man diese beispielsweise mit der Sichtweise Verrichtung oder Objekt, dann folgen daraus vier Arten der Aufgabengliederung:

a) Und-Verrichtungsgliederung

b) Und-Objektgliederung

c) Oder-Verrichtungsgliederung

d) Oder-Objektgliederung

Zu a)

Die Ursprungsaufgabe ist dann vollständig erledigt, wenn *alle* Teilaufgaben erfüllt sind. So setzt die Aufgaben „Personalbeschaffung" voraus, dass der Personalbedarf festgestellt wird *und* die Stelle ausgeschrieben wird *und* die Bewerberauswahl erfolgt *und* vertragliche Angelegenheiten geregelt sind.

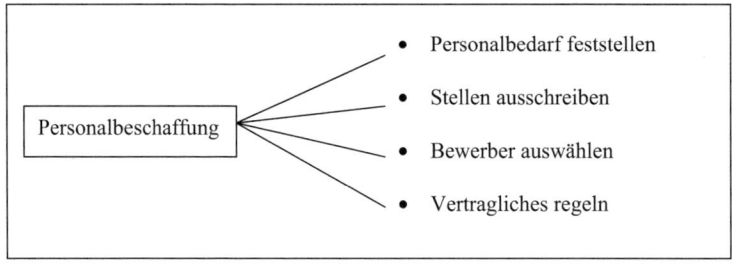

Abb. 32: Und-Verrichtungsgliederung

(Quelle: Eigene)

Zu b)

Analog zum vorgenannten Beispiel ist hier die Ursprungsaufgabe dann erledigt, wenn *alle* Teilobjekte berücksichtigt wurden.

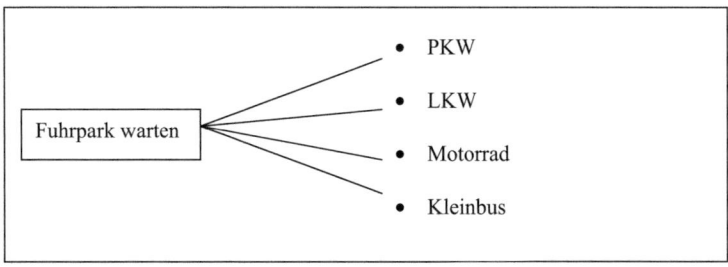

Abb. 33: Und-Objektgliederung

(Quelle: Eigene)

Zu c)

Die aus der Ursprungsaufgabe abgeleiteten Teilverrichtungen sind alternativ (also nicht zwingend alle) zu erledigen.

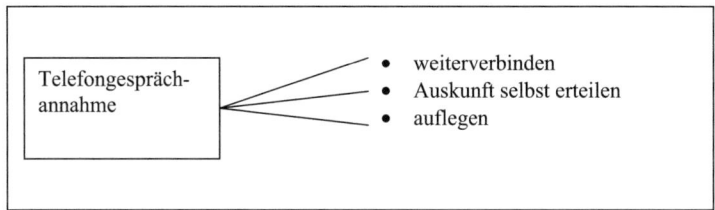

Abb. 34: Oder-Verrichtungsgliederung

(Quelle: Eigene)

Zu d)

Ähnlich wie zu c) ist es hier ausreichend, wenn von den möglichen Teil-Objekten eine Alternative berücksichtigt wurde.

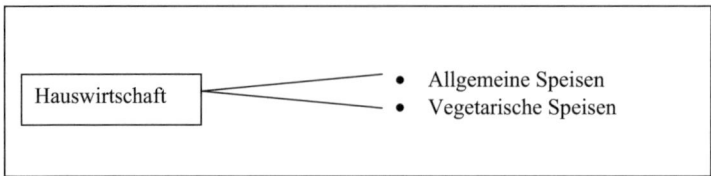

Abb. 35: *Oder-Objektgliederung*
(Quelle: Eigene)

Schließlich gelten für eine Aufgabenanalyse Grundsätze, die in der konkreten Anwendung zu beachten sind:

1) Vollständigkeit

Die Gliederung muss sämtliche möglichen Alternativen enthalten.

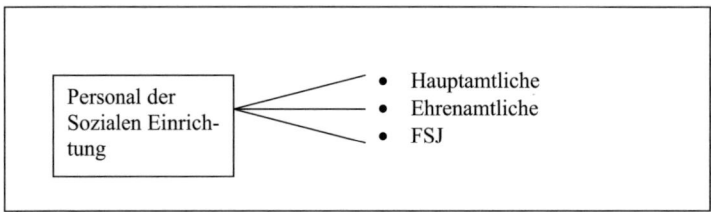

Abb. 36: *Analysegrundsatz: Vollständigkeit*
(Quelle: Eigene)

2) Inhaltsgleichheit

Die Gliederungsbestandteile müssen inhaltlich einander entsprechen. In dem gegebenen Beispiel in Abbildung 37 wäre z.B. ein weiterer Gesichtspunkt „mit Computer" fehlerhaft.

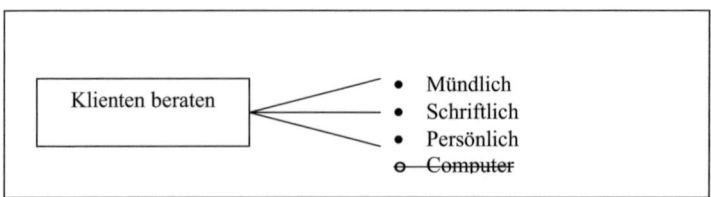

Abb. 37: *Analysegrundsatz: Inhaltsgleichheit; (Quelle: Eigene)*

3) Einheitlichkeit

Jede einzelne Gliederung darf nur nach einem Kriterium erfolgen, z.B. nach Objekten. *Falsch* wäre in dem folgenden Beispiel z.B. als weitere Punkte „kaufen", „mieten" aufzuführen.

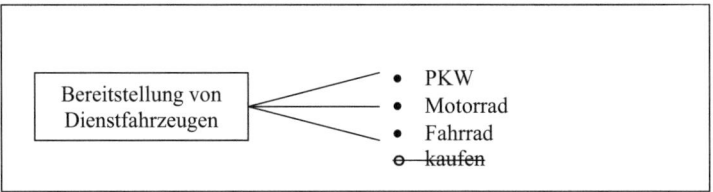

Abb. 38: Analysegrundsatz: Einheitlichkeit

(Quelle: Eigene)

4) Gliederungstiefe geht vor Gliederungsbreite

Ein Ursprungselement soll jeweils nicht zu viele (ca. maximal 5) Teilelemente umfassen. In der konkreten Anwendung wird dieses nicht immer möglich sein. In solchen Fällen gilt es aus Gründen der Übersichtlichkeit eine Zwischenstufe einzufügen.

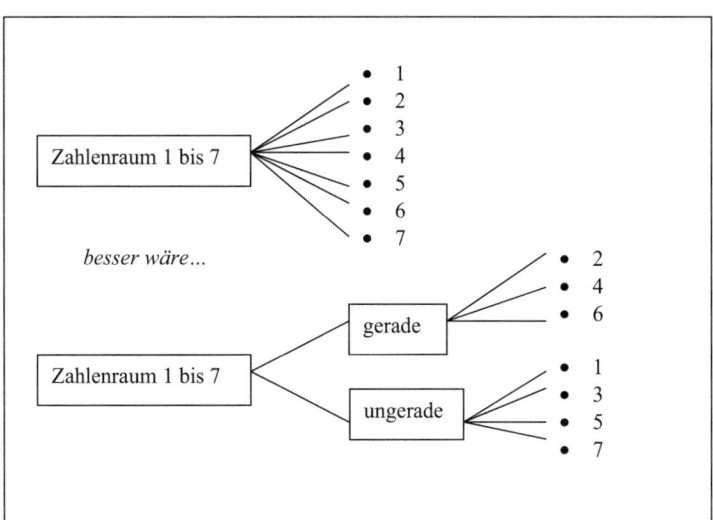

Abb. 39: Analysegrundsatz: Gliederungstief vor Gliederungsbreite

(Quelle: Eigene)

Nach durchgeführter Aufgabenanalyse entsteht ein Aufgabenstrukturbild als Übersicht aller Aufgaben innerhalb eines bestimmten Bereiches. Dieses dient z.B. der Prüfung, ob alle Aufgaben für eine anstehende organisatorische Entscheidung berücksichtigt wurden und/oder ob alle erfassten Aufgaben notwendig sind oder auch zur Erhöhung der Klarheit der Aufgabenstellung.

Vor dem Hintergrund des Oberthemas der Stellenbildung dient die Aufgabenanalyse vor allem der Aufgabensynthese, d.h. der Zusammenführung von Teilaufgaben zu Stellen und im Weiteren dann zur Bildung von größeren Organisationseinheiten, wie Abteilungen, Dezernaten etc.

4.4 Aufgabensynthese - Aufbauorganisation

Im Rahmen der Aufgabenanalyse wurde die Gesamtaufgabe nach unterschiedlichen Gliederungskriterien in Teilaufgaben zerlegt. Diese Teilaufgaben werden nun in geeigneter Form wieder zusammengefasst.

Es entstehen einfache Stellen als kleinste organisatorische Einheiten, Instanzen als Stellen mit Anordnungsbefugnissen gegenüber anderen Stellen sowie Abteilungen (Dezernate etc.) als Zusammenfassung mehrerer Stellen unter der Leitung einer Instanz.

Diesen Vorgang der Zusammenfassung von Teilaufgaben zu Organisationseinheiten bezeichnet man als Aufgabensynthese. Den Organisationseinheiten werden dann Aufgabenträger (Einzelperson, Personengruppe, Kombination Mensch/Maschine) zugeordnet.

In vieler Hinsicht analog zur Aufgabenanalyse werden die Aufgaben im Rahmen der Aufgabensynthese nach den Kriterien Verrichtung, Objekt, Phase und in gewisser Hinsicht nach Rang wieder zusammengesetzt.

- Der Aufgabensynthese nach der Verrichtung entspricht die verrichtungsorientierte oder funktionsorientierte Organisationsstruktur
- Der Aufgabensynthese nach dem Objekt entspricht die objektorientierte Organisationsstruktur.
- Der Aufgabensynthese nach der Phase entspricht die Stab-Linien-Organisation.
- Für die Aufgabensynthese nach dem Rang existiert kein eigenes Organisationsmodell, hier vollzieht sich die Unterscheidung nach Instanzen und Stellen.

In Abschnitt 5 werden die einzelnen Organisationsmodelle noch einmal ausführlicher aufgegriffen.

4.5 Die Stellenbeschreibung

Die Stellenbeschreibung (syn. Arbeitsplatz-, Tätigkeits- oder Aufgabenbeschreibung) enthält die Hauptaufgaben der Stelle, die Eingliederung in die Gesamtorganisation und i. d. R. die Befugnisse der Stelle.

Wir definieren eine Stellenbeschreibung als schriftliche, verbindliche, in einheitlicher Form formulierte Darstellung der Eingliederung der Stelle in die Organisationshierarchie, einschließlich der Bezeichnung ihrer Ziele, Aufgaben, Kompetenzen und Beziehungen zu anderen Stellen.

Regelmäßig werden sinnvoller Weise die folgenden Inhalte in einer Stellenbeschreibung zu finden sein:

- Stellenbezeichnung,
- hierarchische Einordnung (ist Vorgesetzter von Stellen XYZ, ist Mitarbeiter von Stelle W)
- Stellenvertretungsregeln (aktiv, passiv – vertritt XY, wird vertreten von AB),
- Ziele der Stelle,
- Verantwortung und Entscheidungsbefugnisse.

In der Praxis hat sich keine eindeutige Festlegung der inhaltlichen Punkte einer Stellenbeschreibung herausgebildet. So gibt es Betriebe, die zusätzlich die Anforderungen an den Stelleninhaber (das sog. Anforderungsprofil) mit in die Stellenbeschreibung übernehmen.

Wichtig ist, dass die Stellenbeschreibung sachbezogen, also vom Stelleninhaber unabhängig ist und darauf geachtet wird, dass sie wirklich nur die „wichtigsten Zuständigkeiten" nennt; eine Auflistung aller Aufgaben ohne Berücksichtigung ihrer Bedeutung kann zu einem unangemessen hohen „Pflegeaufwand" bei der in bestimmten Zeitabschnitten notwendigen Aktualisierung der Stellenbeschreibung führen.

Stellenbeschreibungen werden als Instrument der Organisation sowie als personalpolitisches Instrument für folgende (Haupt-) Zwecke eingesetzt:

- Dokumentation der Aufgaben und Ziele einer Stelle
- Klarheit bzgl. der Über- und Unterordnungsverhältnisse
- Klarheit bzgl. der Entscheidungsbefugnisse
- Grundlage für Stellenausschreibungen
- Grundlage für Leistungsbewertung

- Grundlage für Stellenbewertung

4.6 Stellenbewertung

4.6.1 Einführung und Überblick

Die Stellenbewertung (syn. auch Arbeitsplatzbewertung) knüpft sinnlogisch an die Stellenbeschreibung an. Konkret geht es bei der Stellenbewertung darum, die Anforderungen, die eine Stelle an den Stelleninhaber stellt, einer systematischen Beurteilung zuzuführen.

Die Stellenbewertung gibt in diesem Rahmen Aufschluss über die Schwierigkeitsgrade, die verschiedene Stellen beinhalten. Die Bewertung der *Stelle* vollzieht sich dabei unabhängig von Arbeitsverhalten oder der Leistung der Person des gerade aktuellen Stelleninhabers.

Als übergeordnetes Ziel verfolgt die Stellenbewertung den Zweck eine anforderungsgerechte Entgeltstruktur zu ermitteln.

Als mögliche Anlässe einer Stellenbewertung sind denkbar:

- Einrichtung einer neuen Stelle

- Wesentliche Änderungen einzelner Anforderungen einer vorhandenen Stelle

- Bewertung einer vorhandenen, aber bislang noch nicht bewerteten Stelle

- Wesentliche Änderungen des Aufgabeninhalts einer vorhandenen Stelle

Welche Anforderungen bestimmte Stellen an die potentiellen Stelleninhaber stellen, wird häufig über Tätigkeitsanalysen gewonnen. Relativ verbreitet ist es dabei, dass hierzu auf die Inhalte des so genannten „Genfer Schemas" zurückgegriffen wird.

Das Schema ist 1950 in Genf auf einer internationalen Konferenz über Arbeitsbewertung konzipiert worden und kann als (auch international) weitgehend akzeptiert angesehen werden.

Genfer Schema		
Anforderungen	**Fachkönnen**	**Belastung**
Geistige Anforderungen	Fachwissen, Fertigkeiten	Aktives Denken, Aufmerksamkeit, Beanspruchung der Sinne
Körperliche Anforderungen	Geschicklichkeit, Handfertigkeit	Aktive Betätigung der Muskeln
Verantwortung		Verantwortung für die Gesundheit von Mitarbeitenden, für Betriebsmittel und Prozesse
Arbeitsbedingungen		Beeinträchtigungen durch Lärm, Temperatur, Schmutz etc.

Abb. 40: Genfer Schema

(Quelle: Eigene)

Im Genfer Schema werden mögliche Anforderungsarten einer einfachen Klassifizierung zugeführt, die wiederum als Grundlage für verschiedene Verfahren der Stellenbewertung dienlich sind.

4.6.2 Verfahren der Stellenbewertung

In der Organisationslehre werden mit den summarischen und den analytischen Verfahren zwei grundsätzliche Vorgehensweisen der Stellenbewertung unterschieden. Hinzutritt je Verfahren die Frage, ob die Arbeitsplätze/Anforderungen i.S.e. skalenunabhängigen Reihenfolge (Reihung) von der höchsten bis zur geringsten Schwierigkeit geordnet werden oder die Zuordnung auf einer festgelegten Skala erfolgt (Stufung). Insgesamt stehen damit vier Möglichkeiten der Stellenbewertung zur Verfügung:

Die Bewertung der Gesamtanforderungen erfolgt...	*Summarisch*: **Bewertung der Gesamtanforderungen als Ganzes**	*Analytisch*: **Bewertung der Einzelkriterien der Gesamtanforderungen und Bildung einer Wertsumme**
Reihung	*Rangfolgeverfahren* Alle Gesamtanforderungen werden als Ganzes verglichen und in eine Rangfolge gebracht.	*Rangreihenverfahren* Die Einzelkriterien der Gesamtanforderungen werden verglichen und einer Rangreihe zugeordnet.
Stufung	*Katalogverfahren/Lohngruppenmethode* Alle Gesamtanforderungen werden als Ganzes mit Richtbeispielen verglichen und zugeordnet.	*Wertzahlenverfahren* Die Einzelkriterien der Gesamtanforderungen werden nach einem gewichteten Schema (Wertzahlen) bewertet.

Abb. 41   Verfahren der Stellenbewertung

(Quelle: Eigene)

- Summarische Stellenbewertung

Im Zuge der summarischen Stellenbewertung geht der Arbeitsinhalt bzw. die Anforderungen der Stelle als Ganzes in die Bewertung ein. Sämtliche Stellen werden zueinander in Beziehung gesetzt. Der Vorteil einer solchen Vorgehensweise ist offensichtlich: Die Durchführung ist einfach. Nachteilig ist, dass sich einzelne Ausprägungen der Anforderungen nur ungewichtet auf den Gesamtwert der Stelle auswirken.

Die summarische Stellenbewertung lässt sich aufgliedern nach zwei Varianten:

   o Das Rangfolgeverfahren
   o Das Katalog- bzw. Lohngruppenverfahren

- Analytische Stellenbewertung

Analytische Stellenbewertung unterscheidet sich von summarischem Vorgehen im Kern dadurch, dass die einzelnen Anforderungsarten einer Stelle gesondert betrachtet und bewertet werden. Eine Bewertung der gesamten Stelle „en bloc" findet also nicht statt.

Regelmäßig erfolgt die analytische Stellenbewertung in zwei Erscheinungsformen:

   o Rangreihenverfahren
   o (Stufen-)Wertzahlverfahren

4.6.2.1 Summarisch: Rangfolgeverfahren

Das Rangfolgeverfahren besteht darin, dass die vorhandenen Arbeitsplätze/Stellen einer Organisationseinheit bei Zugrundelegung eines ordinalen Maßstabs in eine einfache Rangfolge gebracht werden.

Beispiel: Anforderungen Stelle A > Anforderungen Stelle C, Anforderungen Stelle C > Anforderungen Stelle E etc., so dass hier eine Rangfolge der Form A-C-E entsteht.

Eine Gewichtung der einzelnen Stufenabstände zueinander erfolgt nicht, so dass nicht ersichtlich wird, ob z.B. Stelle A sehr viel oder nur wenig anspruchsvoller als C und ob dieser Abstand größer oder kleiner dem von Stelle C zu Stelle E ist. Kommt bei einer bereits vorhandenen Rangfolge eine neue Stelle mit neuen Anforderungen hinzu, so ist diese in die vorhandene Rangfolge einzuordnen.

Das Rangfolgeverfahren eignet sich daher zur Entgeltfindung nur für sehr kleine, übersichtliche Organisationen, in denen die einzelnen Stellen klar und deutlich von einander hinsichtlich ihres Anforderungsprofils abgrenzbar sind.

Als Standardbeispiel mag etwa eine kleine Schreinerei dienen, in der die Rangfolge Meister > Geselle 1a und Geselle 1b > Geselle 2 > Hilfsarbeiter klar ersichtlich und von dem jeweiligen Beurteiler auch kompetent vorgenommen werden kann.

Je größer die Organisationseinheit, desto weniger tauglich ist das Rangfolgeverfahren zu Entgeltfindung geeignet. Man denke etwa in dem obigen Beispiel an Fragen, wie in der Schreinerei eine qualifizierte Bürokraft einzuordnen wäre (Wieder der Meister? Wie Geselle 1a oder Geselle 2?) und könnte z.B. der Meister dieses überhaupt kompetent beurteilen?

4.6.2.2 Summarisch: Katalog- und Lohngruppenverfahren

Ausgangspunkt der Katalogisierung von Entgeltgruppen sind bestimmte Merkmale von Entgeltgruppen, mit denen der jeweils konkret zu bewertende Arbeitsplatz verglichen wird.

Dabei werden die Entgeltgruppen nach dem Schwierigkeitsgrad ihrer Arbeitsinhalte gebildet, so dass etwa eine (Fall-) Gruppe 10 die Arbeitsinhalte mit den höchsten/schwierigsten Anforderungen und eine (Fall-) Gruppe 1 die geringsten Anforderungen enthält.

Beispiel:

(Fall-) Gruppe	Beschreibung / Merkmale, z.B.
10	...einen schwierigen Aufgabenbereich ...selbstständig bearbeiten... Letztverantwortung ...Spezialwissen.... Mind. 5 Jahre Berufserfahrung... Budgetverantwortung ...
9	...einen schwierigen Aufgabenbereich ...selbstständig bearbeiten ...fundierte Kenntnisse .... Mind. 3 Jahre Berufserfahrung...
...	...
1	...überwiegend schematische Arbeiten, keine Berufsvorbildung ....

Im Kern besteht das Gruppierungsverfahren somit darin, dass Stellen, die hinsichtlich ihrer Anforderungen einen in etwa ähnlichen Schwierigkeitsgrad aufweisen zu einer Gruppe (Entgeltgruppe) zusammengefasst werden. Die jeweilige Gruppe führt dann über eine entsprechend gültige Entgelttabelle unmittelbar zu der für diese Gruppe zutreffende Entgeltsumme (siehe oben die Entgelttabelle des TVöD).

Die Gruppierungsverfahren finden sich in einer Reihe von Tarifverträgen wieder. So auch im Tarifvertrag für den öffentlichen Dienst (TVöD) bzw. seinem Vorgänger dem BAT.

Im TVöD findet sich die beschriebene Logik wie folgt wieder:

- *Entgeltgruppe 1-4:* Beschäftigte mit Tätigkeiten, die keine Ausbildung nachweisen können oder nur eine Ausbildung mit weniger als 3 Jahren besitzen

- *Entgeltgruppe 5-8:* Beschäftigte, die eine abgeschlossene Ausbildung in einem nach dem Berufsbildungsgesetz anerkannten Ausbildungsberuf von mind. 3 Jahren nachweisen

- *Entgeltgruppe 9-12:* Beschäftigte mit Tätigkeiten, die einen Fachhochschulabschluss (auch Bachelor) voraussetzen.

- *Entgeltgruppe 13-15:* Beschäftigte mit Tätigkeiten, die einen Abschluss an einer wissenschaftlichen Hochschule (auch Master) voraussetzen.

In der Variante des Katalogverfahrens werden die einzelnen Arbeitsplätze nach einem entsprechenden Katalog mit so genannten Richt-Beispielen für Stellen bewertet. Stimmt die zu bewertende Stelle mit dem Beispiel weitgehend (i.d.R. mind. 50 v.H.) überein, so ist die Stelle entsprechend einzugruppieren.

Dass das Katalog- bzw. Lohngruppenverfahren zu den summarischen Verfahren zu zählen ist, wird dadurch deutlich, dass auch hier die Stelle als Ganzes – quasi en bloc – betrachtet wird und *keine* Differenzierung nach einzelnen Anforderungen erfolgt, wie dies bei den analytischen Bewertungsverfahren der Fall ist.

4.6.2.3 Analytisch: Rangreihenverfahren

Analytische Arbeitsbewertung erfolgt im Allgemeinen in Form eines stufenweisen Vorgehens:

1. *Arbeitsbeschreibung*

Das Arbeitssystem und u.U. die Arbeitssituation wird qualifiziert charakterisiert.

2. *Anforderungsanalyse:*

Ermitteln von Daten für einzelne Anforderungsarten.

3. *Quantifizierung der Anforderungen*:

Bewerten der Anforderungen und Errechnen der jeweiligen Anforderungswerte.

Es gilt darauf hinzuweisen, dass die Anforderungsarten nicht einheitlich definiert sind. In der Regel wird auf das oben eingeführte „Genfer Schema" zurückgegriffen.

- Geistige und körperliche Arbeitsanforderungen werden sowohl nach Können als auch nach Belastungsgraden analysiert. Verantwortung und Arbeitsbedingungen setzen im Genfer Schema kein Können voraus, hier zählt nur der Belastungsgrad.

- Beim Können kommt es auf den höchsten Anforderungsgrad, unabhängig von der Auftretenshäufigkeit und -dauer an. *Beispiel:* Ein Bilanzbuchhalter hat zwar nur einmal im Jahr die Bilanz erstellen, braucht dann aber das gesamte Wissen um sämtliche Bestimmungen.

- Bei der Belastung kommt es auf den durchschnittlichen Grad und die Dauer an, z. B. Verantwortungsbreite und -tiefe einer Führungskraft.

REFA hat die Inhalte des Genfer Schemas weiter spezifiziert und folgendes Beschreibungssystem mit sechs Anforderungen abgeleitet:

1. Kenntnisse

2. Geschicklichkeit

3. Verantwortung

4. geistige Belastung

5. muskelmäßige Belastung

6. Umgebungseinflüsse

Arbeitsplätze des technischen oder auch handwerklichen Bereichs lassen sich mit beiden Anforderungsarten vergleichsweise gut beschreiben.

Schwieriger wird die Bewertung von Stellen in administrativen und i.w.S. pädagogischen Bereichen wie sie gerade auch in Sozialwirtschaft und im öffentlichen Sektor vielfach anzutreffen sind. Hier gilt es, zusätzliche Merkmale zu finden, z. B. sprachliche Ausdrucks-, Dispositions- und Systematisierungsfähigkeit. Mit zunehmender Anzahl von Merkmalen steigt jedoch der mit der Bewertung verbundene Aufwand.

Beim Rangreihenverfahren wird für jede der Anforderungsarten eine separate Rangreihe gebildet.

Die Rangreihen enthalten Kriterien mit unterschiedlich hoher Bepunktung (z. B. von 100 bis 10). Jede Stelle wird mit Hilfe dieser Ränge bewertet, verbunden mit einem Gewichtungsfaktor - entsprechend der Bedeutung des Kriteriums für eine Stelle (z. B. 0,5, 0,4, 0,6 usw.). Die Summe der Einzelbewertungen pro Anforderungsart inkl. Gewichtung ergibt den Gesamtstellenwert.

Das nachfolgend dargestellte *Beispiel* stellt fiktiv auf die Stelle „Sachbearbeiter Personalabteilung" ab.

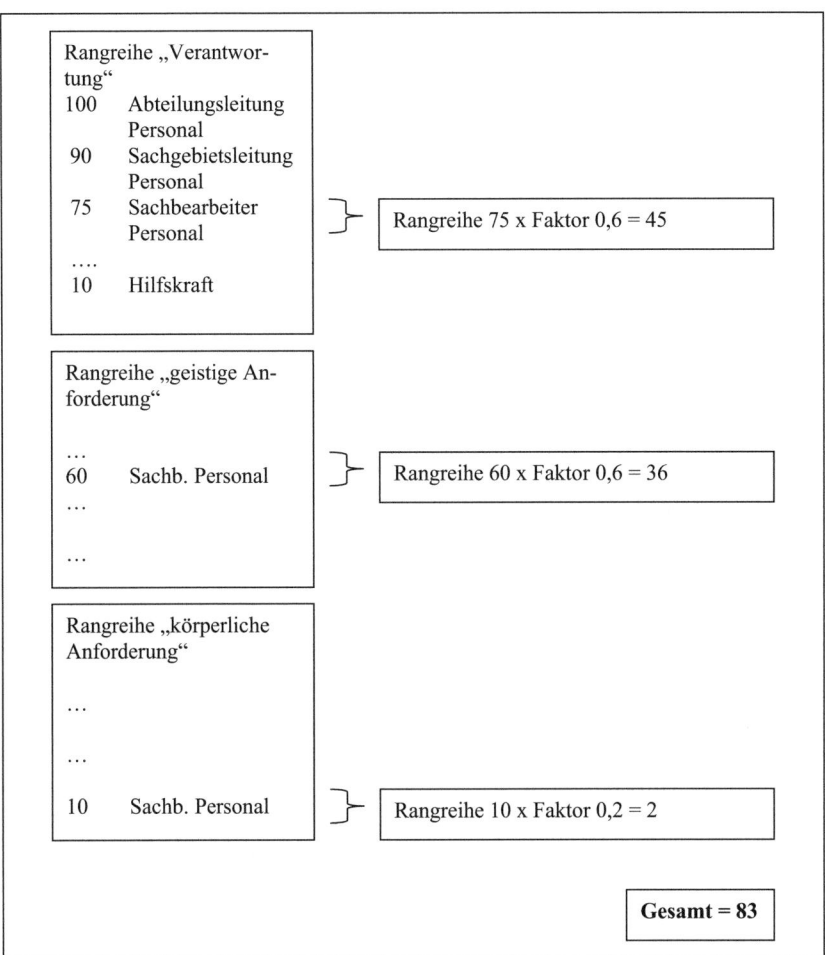

Abb. 42: **Beispiel Rangreihenverfahren**

(Quelle: Eigene)

In dem obigen Beispiel sind zur Vereinfachung nur drei Anforderungen aufgegriffen worden. Setzt man dieses Verfahren für sämtliche zu analysierenden Anforderungen fort, so entsteht ein Gesamtwert (im Beispiel 83), an den die jeweils zutreffende Entgeltgruppe gekoppelt ist.

4.6.2.4 Analytisch: (Stufen-) Wertzahlverfahren

Das Wertzahlverfahren unterscheidet sich vom Rangreihenverfahren dadurch, dass hier die Gewichtung bereits über unterschiedliche Wertbereiche von möglichen Punkten je Anforderungen berücksichtigt wird. Die Logik ist, dass desto größer der Wertbereich einer Anforderungsart, desto mehr Punkte können in dieser Anforderungsart erzielt werden.

Steht etwa für das Merkmal „geistige Anforderungen" ein Spektrum von maximal 20 Punkten zur Verfügung und für das Merkmal „körperlichen Anforderungen" ein Spektrum von maximal 10 Punkte, so ist das Merkmal „geistige Anforderungen" doppelt so hoch gewichtet wie das Merkmal „körperliche Anforderungen".

Dies führt z.B. dazu, dass für eine durchschnittlich hohe Ausprägung der geistigen Anforderungen von z.B. 11 Punkten bereits mehr Punkte erzielt werden können, als bei einem Höchstmaß an körperlichen Anforderungen von maximal 10 Punkten.

Zur Bewertung von Bewertung von Beamtenstellen, wie sie etwa im Jugend- oder Sozialamt zu finden sind, ist i.d.R. auf die Vorgehensweise der KGST abgestellt, welche zu den so genannten Stufen-Wertzahlsystemen gezählt werden kann.

4.6.2.5 Bewertung von Beamtenstellen (nach KGST)

Im Bereich des öffentlichen Dienstes finden sich die dargestellten Verfahren der Stellenbewertung in zwei Erscheinungsformen wieder.

- Summarische Verfahren, wie das Katalogverfahren, werden bei der Bewertung von Angestelltenstellen nach dem ehemaligen BAT bzw. dem TVöD verwendet.

- Analytische Verfahren, namentlich das Stufenwertzahlverfahren, wird bei der Bewertung von Beamtenstellen i.d.R. nach dem Vorgehen der KGST eingesetzt.

Es werden danach verschiedene Anforderungsbereiche (Bewertungsmerkmale) unterschieden.

Jedem Anforderungsbereich sind wiederum mehrere Bewertungsstufen zugeordnet. So umfasst z.B. der Anforderungsbereich „Selbstständigkeit" sechs Bewertungsstufen. Jeder Bewertungsstufe ist eine gewichtete Wertzahl zugeordnet.

Je Stelle wird nun aus den Anforderungsbereichen, je nach Anforderung, eine Bewertungsstufe mit der dazugehörigen Wertzahl begeschrieben.

KGSt®-Gutachten Stellenplan – Stellenbewertung 2009 im Überblick

Bewertungsmerkmale	Bestimmungsgröße	Stufen	Gewichtung	
			in %	absolut
Informationsverarbeitung	Breite des Informationsfeldes, Umfang und Methodik von Analysen, Neuartigkeit zu entwickelnder Informationen	10	25	250
Dienstliche Beziehungen	Erläuterungsbedürftigkeit der Informationen, Konfliktmöglichkeiten, Anforderungen an Argumentation, Häufigkeit und Vielseitigkeit der Kontakte	6	10	100
Selbständigkeit	Umfang des Handlungsspielraums, Häufigkeit der Entscheidungen	6	10	100
Verantwortung	Auswirkungen des Arbeitsverhaltens/ Bedeutung der Führungsaufgaben	10	25	250
Vor- und Ausbildung	Laufbahnbefähigung	4	22	220
Erfahrung	Breite und Tiefe zusätzlicher Kenntnisse und Fertigkeiten	4	8	80

Abb. 43: Stellenbewertung 2009 nach KGSt

(Quelle: Jabs, R. 2012)

Durch Aufsummierung der Wertzahlen folgt eine Gesamtpunktzahl, die nach der Dienstpostentabelle unmittelbar Aufschluss über die zutreffende Besoldungsgruppe für die bewertete Stelle gibt.

	2009	1982	1970
A 9	302-351 (49)	297-346 (49)	27-31 (4)
A 10	352-406 (54)	347-401 (54)	32-39 (7)
A 11	406-466 (60)	402-461 (59)	40-48 (8)
A 12	467-531 (64)	462-526 (64)	49-57 (8)
A 13	532-601 (69)	527-596 (69)	58-67 (9)
A 14	602-676 (74)	597-671 (74)	68-76 (8)
A 15	677-756 (79)	672-751 (79)	77-87 (10)
A 16	757-841 (84)	752-836 (84)	Landesrecht
B 2	842-931 (89)	837 (B2/3)	Landesrecht
B 3	ab 932		Landesrecht

Abb. 44: Punktzuordnung KGSt-Stellenbewertung

(Quelle: Debusmann, E. 2010)

4.7 Stellenbemessung

In den vorangegangenen Abschnitten ist der Begriff der Stelle eingeführt worden. Nach Ausführungen zum Verständnis von "Stelle" als Bündel von Aufgaben, wurde erläutert auf welche Weise systematisch festgelegt werden kann, wie Stellen bewertet werden können.

Für die praktische Anwendung verbleibt nunmehr die Frage, wie viele Stellen zur Erledigung eines bestimmten Aufgabenkomplexes notwendig sind.

Zur Feststellung des quantitativen Stellenbedarfs sind i.d.R. drei Verfahren gebräuchlich, die im Folgenden dargestellt werden. Die Stellenbedarfsermittlung dient der Feststellung, wie viele Stellen zur Erledigung der anfallenden Aufgaben benötigt werden.

Drei Verfahren werden unterschieden:

- Politisches bzw. konzeptionelles Verfahren
- Empirisch-summarisches Verfahren
- Analytisches Verfahren.

4.7.1 Politisches / Konzeptionelles Verfahren

Kennzeichnend für das politische (oder konzeptionelle) Verfahren ist, dass die Festlegung des Stellenbedarfs einer politischen bzw. konzeptionellen Überzeugung, Meinung bzw. einer Konzeption folgt.

Ohne dass eine solche Festlegung im Einzelfall objektiv geprüft werden könnte, wird der Stellenbedarf durch eine Institution, wie den Vereinsvorstand, Rat der Stadt, Fakultätsleitung oder den Landtag etc. festgelegt.

Entsprechend wird z.B. festgelegt, dass das Verhältnis von Dozent/Studierende pro Seminar an der Hochschule X zum Beispiel maximal 1/30 betragen soll.

Dieses Verhältnis ist insofern beliebig, als dass die Festlegung ohne Weiteres auch 1/23 oder gar 1/50 hätte lauten können.

Aufgrund von plausiblen Überlegungen, bestimmten pädagogisch-didaktischen Konzepten oder politischer Vorgaben etc. ist das Verhältnis 1/30 bestimmt worden, ohne dass damit eine Form von "Wahrheit oder "Richtigkeit" impliziert wird. Andere politische Vorgaben, andere pädagogisch-didaktische Konzeptionen würden andere Relationen mit sich bringen.

Weitere *Beispiele* stellen etwa die Relation Krankenschwester/Patienten oder auch Erzieherin/Kinder etc. dar.

4.7.2 Empirisch-summarisches Verfahren

Beim empirisch-summarischen Verfahren orientiert sich die Stellenbedarfsermittlung nach den – soweit vorhanden – bisherigen Erfahrungen oder aus dem Vergleich mit anderen vergleichbaren Organisationen.

Dieser Vergleich kann dabei durchaus die Grenzen einer Organisation überschreiten (Vergleich/Erfahrungsaustausch, Benchmarking). Beim solchen Vergleichen wird von einer Organisation bei anderen, vergleichbaren Organisationen erfragt, wie viele Stellen für die Erfüllung einer bestimmten Aufgabe eingerichtet sind. Innerhalb von großen Wohlfahrtsverbänden kann ein solcher Vergleich auch verbandsintern erfolgen.

Es liegt auf der Hand, dass ein Vergleich mit anderen Organisationen jedoch nur dann zulässig ist, wenn auch weitgehend gleiche Bedingungen vorliegen. Die Organisationen müssen vergleichbar sein bzgl.

- Größe / Mitarbeiteranzahl
- wirtschaftliche Struktur
- Flächenmäßige Größe
- Ländliche oder städtische Lage der Einrichtung
- Finanzierungsgrundlagen
- etc.

4.7.3 Analytisches Verfahren

Während die beiden vorgenannten Verfahren darauf verzichten die durchzuführenden Tätigkeiten und deren Dauer sowie die verfügbare Arbeitzeit explizit zu erfassen, bilden eben diese Aspekte die Basis des so genannten "analytischen" Vorgehens. Das analytische Verfahren greift auf folgende Grunddaten zurück:

- Tätigkeiten (Was?)
- Fallzahlen / Arbeitsmengen (Wie viel, wie oft?)
- Mittlere / durchschnittliche Dauer der einzelnen Tätigkeiten (Wie lange?)
- Tatsächlich verfügbare Arbeitszeit

Im Einzelnen vollzieht sich die Stellenbemessung in sechs Schritten:

A: Erfassung der Tätigkeiten (Was?)

Der erste Schritt besteht zunächst darin, sämtliche Tätigkeiten, die zur Erledigung der jeweiligen Aufgabe notwendig, systematisch zu erfassen.

Beispiele:

- - Erfassen von Stammdaten
- - Abgleich von Datensätzen
- - Berichterstellung

B: Ermittlung der Fallzahlen (Wie viel, wie oft?)

Der zweite Schritt besteht darin zu erheben bzw. festzustellen, wie oft jede der unter Schritt A ermittelten Tätigkeiten durchgeführt werden muss. Im Regelfall wird als zeitliche Basis hier ein Jahr zugrunde gelegt.

Beispiel:

1.) Tätigkeit 400 mal

2.) Tätigkeit 352 mal

3.) Tätigkeit 610 mal

Die Fallzahlen liegen vor bzw. können mit verschiedenen Verfahren, wie dem z.B. Multimomentverfahren (siehe unten), der täglichen Selbstaufschreibung etc. festgestellt werden.

Für den Fall, dass die Fallzahlen in einigen Monaten starke Schwankungen aufweisen, ist es notwendig anstatt des Bezugszeitraumes von einem Jahr, die Berechnung auf monatlicher Basis durchzuführen, um statische Verzerrungen zu vermeiden. Selbstverständlich sind in diesen Fällen dann auch nur die jeweils monatlichen Arbeitskapazitäten in Relation zu setzen.

C: Ermittlung der mittleren Bearbeitungszeit (mBZ) je Tätigkeit (Wie lange?)

Im Weiteren gilt es nun festzustellen, wie viel Zeit die einzelnen Tätigkeiten jeweils in Anspruch nehmen.

Beispiel:

1.)Tätigkeit	4000 mal	4 Min. (mBZ)	4000 x 4	= 16000 Min.
2.)Tätigkeit	3520 mal	6 Min (mBZ)	3520 x 6	= 21120 Min.
3.)Tätigkeit	6100 mal	8,75 Min (mBZ)	6100 x 8,75	= 53370, 5 Min.
			Gesamt	= 90490, 5 Min.

Die Angaben der mittleren Bearbeitungszeit der einzelnen Tätigkeiten liegen im Regelfall z.b. aufgrund arbeitswissenschaftlicher Untersuchungen vor. Ist dies nicht der Fall, dann kann für mehrere Mitarbeiter die mittlere Bearbeitungszeit auch wie folgt als einfacher Durchschnitt ermittelt werden:

Beispiel:

Mitarbeiter A bearbeitet 250 Fälle in 2200 Minuten.

Mitarbeiter B bearbeitet 300 Fälle in 2350 Minuten.

Mitarbeiter C bearbeitet 450 Fälle in 4200 Minuten.

In diesem Fall beträgt die mittlere Bearbeitungszeit (8750 Minuten / 1000 Fälle) 8, 75 Minuten pro Fall.

Nach Durchführung von Schritt C ist nun bekannt, dass 90490, 5 Minuten pro Jahr für alle Tätigkeiten benötigt werden. Diesem Wert ist nun die tatsächlich zur Verfügung stehende Arbeitszeit gegenüber zu stellen. Auch hier erfolgt die Berechnung letztlich auf Minutenbasis.

D: Grundsätzlich verfügbare Arbeitszeit (Arbeitskapazität

Die Arbeitskapazität, d.h. die tatsächlich verfügbare Arbeitszeit einer Normalarbeitskraft geht von 365 Tagen aus, die pro Jahr grundsätzlich vorhanden sind.

Nun wird selbstverständlich nicht an allen Tagen im Jahr auch gearbeitet. Davon in Abzug zu bringen sind für eine 5-Tage-Woche hier 52 Sonntage, 52 Samstage und auch ein Durchschnittswert von z.B. 10 Feiertagen. Es verbleiben (365-52-52-10) 251 Tage.

Von diesen 251 Tagen sind des Weiteren solche Tage abzuziehen, an denen der durchschnittliche Mitarbeiter aufgrund von Krankheit und Kuren sowie für Urlaub, Sonderurlaub, Bildungsurlaub etc. ebenfalls nicht zur Arbeit zur Verfügung steht.

Im kommunalen Bereich (im Bund: 45,55 Tage) in der Sozialverwaltung wird hier i.d.R. nach KGST ein Wert von 46,13 Tagen angesetzt. Dass dieser Wert z.B. aufgrund der Annahmen im betrieblichen Einzelfall variieren kann, liegt auf der Hand.

Gesamttage im Jahr	365
Sonntage	- 52
Samstage	- 52
Feiertage (Durchschnitt)	- 10
	251
Krankheit, Kur, Urlaub, Sonderurlaub etc.	- 46,13
Brutto (Anwesenheits-) Zeit	204, 87 Tage

Im Ergebnis stellt sich ein Wert von (251 - 46,13) 204,87 Tagen ein.

Dieser Wert steht für die durchschnittliche Arbeitszeit pro Jahr in Tagen (Brutto-Arbeitszeit).

Oben ist angemerkt worden, dass die Berechnungen auf Minutenbasis erfolgen sollten, so dass nun für eine 40 Stunden-Woche innerhalb einer 5 Tage-Woche folgt:

40 x 60 Min. = 2400 Min./Woche und 2400 Min. / 5 Tage = 480 Min./Tag.

Der Wert von 480 Min./Tag bezogen auf 204, 87 Tage ergibt eine Brutto-Arbeitzeit von (480 x 204,87) dann 98.337, 6 Minuten pro Jahr.

Im Regelfall wird von einem gerundeten Wert von 98.300 Minuten Brutto-Arbeitszeit ausgegangen, in welcher ein Mitarbeiter bei 5 Tagen in der Woche und 40 Stunden wöchentlich Arbeitszeit im Betrieb anwesend (!) ist.

E: Bereinigung der Brutto-Arbeitzeit (Bestimmung der Netto- oder Normal-
arbeitszeit)

Es liegt in der Natur des Menschen, dass nicht die gesamte Zeit der Anwesenheit auch mit aktiver Arbeit verbracht wird. Von dem Brutto-Wert sind daher Zeiten für soziale Kontakte (z.b. Gespräche auf dem Flur), Toilettengänge, individuelle "Pausen", Kaffee trinken etc. in Abzug zu bringen.

In Anlehnung an die KGST wird hier oftmals von einem Wert von 10 % der Brutto-Arbeitszeit ausgegangen, der dafür in Abzug zu bringen sind; auch hier sind im konkreten betrieblichen Einzelfall andere Werte denkbar.

Es verbleibt schließlich eine Netto-Arbeitszeit (syn. Normal-Arbeitszeit), die für tatsächliche Arbeitsleistung verfügbar ist von rechnerischen 98.300 - 10 % = 88.470 Minuten/Jahr, auch als Jahresarbeitszeitminuten (JAM) bezeichnet.

Häufig wird von einem gerundeten Wert von 88.500 Min. Netto-Arbeitszeit ausgegangen.

F: Berechnung des Stellenbedarfs

Der Stellenbedarf ergibt sich nun durch einfachen Abgleich von notwendiger Arbeitszeit (Schritt C) und verfügbaren Jahresarbeitszeitminuten (JAM) als Arbeitskapazität von 88.500 Minuten:

90.490, 5 Minuten Bedarf / 88.500 JAM = 1, 02.

D.h. eine Stelle wird zur Erledigung der Aufgaben benötigt.

Berücksichtigung eines Zeitzuschlags Z:

Zuweilen wird es sinnvoll sein einen Zeitzuschlag Z zu der benötigten Arbeitszeit für solche Tätigkeiten aufzurechnen, deren Häufigkeit und Dauer sich im Vorfeld nur schwer voraussehen lassen, wie z.B. Teilnahme an ungeplanten, unregelmäßigen Sitzungen, Gremien oder auch anderen Sonderaufgaben.

Pauschal auf alle Stelle wird daher manchmal ein Zeitbedarf von Z-Minuten vorgenommen, wobei für Z keine wertmäßigen Vorgaben oder allgemein akzeptierte Empfehlungen existieren.

Beispiel:

90.490,5 Minuten + 10.000 Minuten = 100.490, 5 Minuten.

Dadurch verändert sich der oben errechnete Stellenbedarf auf (100.490,5 / 88.500) dann 1,14 Stellen.

5 Aufbauorganisation

5.1 Grundlegende Feststellungen

Wenn hier – wie in der Organisationslehre weithin üblich – zwischen Aufbau- und Ablauforganisation unterschieden wird, so ist diese Trennung eine rein analytische. Aus Gründen der Arbeitsteilung und besseren Darstellung bietet sich eine solche Trennung an. Es gilt aber zu beachten, dass es sich im Grunde nur um eine andere Perspektive desselben Sachverhaltes, nämlich der Organisation handelt.

Der Aufbau einer Sozialen Organisation ist abhängig davon, nach welchen Gesichtspunkten die Aufgaben zu Komplexen von Aufgaben i.S.v. Stellen und Abteilungen, Dezernaten etc. zusammengefasst werden.

So ist es für die Aufbauorganisation entscheidend, wie Kompetenzen zwischen den Organisationseinheiten und den Menschen in den Organisationseinheiten geregelt sind. Die Gestaltung der Aufbauorganisation besteht in der Zuordnung der durch die Aufgabenanalyse identifizierten Teilaufgaben und der zu ihrer Erfüllung notwendigen Kompetenzen an die Aufgabenträger.

5.1.1 Darstellung der Aufbauorganisation

Die vorhandenen Stellen in einem Betrieb sowie ihre Beziehungen untereinander und ihre Zusammenfügungen zu Bereichen, d.h. das Ergebnis der aufbauorganisatorischen Überlegungen wird regelmäßig mit Hilfe eines Organigramms dargestellt. Daneben existieren aber auch andere Formen, um Organisationsstrukturen dazustellen, wie: Verbale Beschreibungen, Beziehungsschaubilder und Ablaufdarstellungen.

Im Folgenden wird ausschließlich das Organigramm dargestellt. Ein Organigramm stellt die Beziehungen der Aufbauorganisation graphisch dar. Ein Organigramm kann vertikal oder horizontal dargestellt werden.

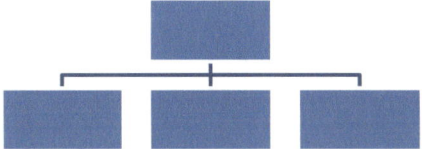

Abb. 45: *Vertikales Organigramm*

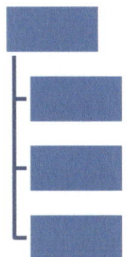

Abb. 46: *Säulen-Organigramm*

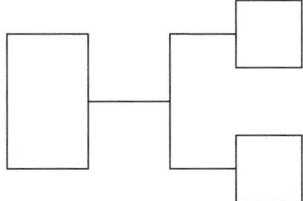

Abb. 47: *Horizontales Organigramm*

5.1.2 Instanzenaufbau

Mit Hilfe des Instrumentes der Aufgabenanalyse wurde die betriebliche Gesamtaufgabe in Teilaufgaben zerlegt. Durch die Aufgabensynthese wurden diese Teilaufgaben zu Organisationseinheiten zusammengefasst. Verbunden mit dieser Gliederung ist die Zuordnung der Stellen zu einer bestimmten Ebene bzw. die Zuordnung einer Rangordnung innerhalb der Stellen.

Es werden unterschieden:

- Leistungsebene (mit Weisungsbefugnis)
- Ausführungsebene (ohne Weisungsbefugnis)

Zu diesen grundlegenden Termini sind einige elementare begriffliche Festlegungen zu treffen:

- Eine Stelle mit Weisungsbefugnis bzgl. nachgelagerter Stellen wird als Instanz bezeichnet.

- Die Festlegung der Rangordnung innerhalb der Stellen wird als Hierarchie bezeichnet.

- Die Anzahl der verschiedenen Rangebenen wird als Instanzentiefe bezeichnet.

- Die Anzahl der Stellen auf gleicher Ebene wird als Instanzenbreite bezeichnet.

- Die Anzahl der einer Instanz direkt unterstellten Mitarbeiter wird als Leitungsspanne (syn. Kontrollspanne) bezeichnet.

Was die Leitungsspanne angeht, kann als tendenziell davon ausgegangen werden, dass je hochwertiger der Qualifikations- oder Ausbildungsstand der Mitarbeiter ist und je anspruchsvoller ihr Aufgabengebiet ist, desto kleiner sollte die Leitungsspanne sein. Eine zu groß bemessene Leitungsspanne kann zur Folge haben, dass die notwendigen Führungsaufgaben (Information, Kontrolle, Anleitung etc.) nicht angemessen wahrgenommen werden können.

Es liegt auf der Hand, dass in großen Organisationen der Sozialwirtschaft die Instanzentiefe und i.d.R. auch die Instanzenbreite größer ist als in kleineren Organisationen.

Des Weiteren kann eine zu steile/starke Hierarchie zu ineffizienten Kommunikations- und Entscheidungsprozessen führen. Eine zu geringe/kleine Hierarchie hingegen trägt die Gefahr in sich, dass gerade bei zu großer Leitungsspanne, zu einer Überlastung der Führungskräfte zu führen.

5.1.3 Grundsätze der Gestaltung der Aufbauorganisation

Innerhalb organisatorischer Überlegungen zur Gestaltung der Aufbauorganisation existieren bestimmte Empfehlungen, die für praktische Gestaltungsüberlegungen in Organisationen beachtet werden sollten:

a) Vertikales Minimum (Minimal-Ebenen-Prinzip)

b) Horizontales Minimum

c) Optimale Leitungsspanne

d) Prinzip der Produktverantwortung

Zu a)

Das Minimal-Ebenen-Prinzip / vertikales Minimum empfiehlt die Anzahl der Hierarchie-Ebenen in einer Organisation möglichst klein zu halten. Das Minimal-Ebenen-Prinzip betrachtet die Organisation folglich vertikal, d.h. im Sinne der Organisations*tiefe* wird auf die Anzahl der Organisationsstufen in der Aufbauorganisation abgestellt.

Im Ergebnis folgt hieraus eine Aufbauorganisation, die auf einer Stufe möglichst wenige, jedoch dafür größere Organisationseinheiten vorschlägt.

Vorteile	Nachteile
• Effizienzgewinne durch Verkürzung des Dienstweges • Weniger Informationsverzerrung durch kürzere Dienstwege • Übersichtliche Aufbauorganisation	• Geringe Aufstiegsmöglichkeiten • Weniger Anreize zur Leistung • Umsetzungen/Verschiebungen von Personalressourcen schwieriger.

Abb. 48: Vor- und Nachteile des Minimal-Ebenen-Prinzip bzw. vertikalen Minimums

(Quelle: nach: Kübler 1978, 73 ff.)

Zu b)

Das horizontale Minimum betrachtet die Organisation hingegen bezüglich der Gliederungs*breite*. Das heißt, es wird auf die Anzahl der Organisationseinheiten abgestellt, die sich auf der gleichen Organisationsstufe befinden, also auf die Instanzen innerhalb einer Stufe. Auch in diesem Fall lautet die Empfehlung diese Anzahl möglichst klein zu halten.

Vorteile	Nachteile
• Leichtere Kompensation von Personalausfällen • Arbeitsspitzen und „Leerlauf" können leichter abgefangen werden. • Einer „automatischen" Vermehrung von Führungspositionen wird entgegengewirkt	• Gefahr der organisatorischen, fachlichen und personellen Unübersichtlichkeit • Interne Unzulänglichkeiten in der Organisation sind leichter zu vertuschen.

Abbild. 49: Vor- und Nachteile des horizontalen Minimums

(Quelle: nach: Kübler 1978, S. 73 ff.)

Zu c)

Die Leitungsspanne bezeichnet diejenige Anzahl von Mitarbeitern, die einem Vorgesetzen unterstellt ist. In diesem Sinne bezeichnet die optimale Leitungsspanne diejenige Anzahl von Mitarbeitern, die ein Vorgesetzter gerade noch führen kann, ohne überfordert zu sein.

Eine empirisch abgesicherte als optimal erkannte Leitungsspanne für Sozialwirtschaft und Sozialverwaltung existiert nicht. Unterstellt man aber, dass ein wesentlicher Teil der täglichen Führungsarbeit durch Kommunikation erfolgt und beachtet man, dass Führungskräfte auch „eigene" Tätigkeiten wahrzunehmen haben, so wird eine ernstzunehmende Führungstätigkeit eher unterhalb eines Verhältnisses von 1:10 angesiedelt sein als darüber.

Die optimale Leistungsspanne wird allgemein von folgenden Determinanten abhängen:

- Wie leistungsfähig sind andere Abstimmungsmöglichkeiten? D.h. zum Beispiel, sind Mitarbeiter willens und fähig sich allein untereinander abzusprechen?

- Um welche Art von Aufgabe handelt es sich?

- Über welchen Qualifikationsstand verfügen die unterstellten Mitarbeiter? In der Regel wird man davon ausgehen können, dass desto höher der Qualifikationsstand der Mitarbeiter ist, desto größer kann die Leitungsspanne sein.

- Tiefe der Arbeitsteilung in der Organisation. Ein hoher Grad von Arbeitsteilung fördert Spezialisierungseffekte, steigert jedoch den Abstimmungsbedarf und verringert damit die optimale Kontrollspanne.

Auch wenn in Fragen der „richtigen" Leitungsspanne verallgemeinernde Aussagen mit Vorsicht zu genießen sind, lassen sich folgende Tendenzaussagen treffen:

Die mögliche Leitungsspanne wird z.B. erweitert durch...

- Fähigkeiten, Qualifikationsstand der unterstellten Mitarbeiter

- Erhöhung des Umfangs der Delegation

- Steuerungshilfen, z.B. durch technische Kontrolle, EDV etc.

- Räumliche Nähe der unterstellten Mitarbeiter zum Vorgesetzten

- Verantwortungsbewusstsein der Mitarbeiter

Umgekehrt wird die mögliche Leitungsspanne z.B. eher begrenzt durch...

- Umfang der „eigenen" Aufgaben des Vorgesetzten

- Höhe der hierarchischen Position des Vorgesetzten

- Häufigkeit der Abwesenheit des Vorgesetzten

- Häufigkeit der Veränderung der innerorganisatorischen Aufgabenstellung

- Grad an Schwierigkeit bzw. Komplexität der Aufgabenstellung

Zu d)

Als neueres Prinzip der Aufbauorganisation kann für die Sozialverwaltung die Produktverantwortung vor allem auf das Neue Steuerungsmodell zurückgeführt werden (vgl. Abschnitt 7.1). Fach- und Ressourcenverantwortung sollen danach möglichst in einer Hand bzw. bei einer Stelle liegen.

Im Kern geht es bei der Produktverantwortung darum, dass die Verantwortung für ein Produkt/eine Dienstleistung im Idealfall einer Stelle zufällt. Diese Stelle verantwortet das Produkt bzgl. dessen Qualität, Kosten etc., womit diese Stelle auch die notwendigen Kompetenzen und Befugnisse benötigt sowie ein Budget erhalten sollte, um dieser Verantwortung auch gerecht werden zu können.

5.2 Verrichtungs- bzw. funktionsorientierte Organisationsstruktur

Die funktionale bzw. verrichtungsorientierte Organisationsstruktur kennzeichnet sich durch eine Gliederung auf der 2. Hierarchieebene nach Funktionen bzw. Verrichtungen. Die Leitung der Gesamtorganisation vollzieht sich nach dem Ein-Linien-System.

Diese Organisationsvariante ist von der Vorstellung getragen, dass verschiedene Spezialisten auf der übergeordneten Instanz den in ihren Fachbereichen tätigen untergeordneten Stelleninhabern fachliche Weisungen erteilen können. Am Ursprung einer funktionalen Organisation steht oft die Unterscheidung von eher technischen (z.B. Produktions-Abteilung) und eher administrativen/kaufmännischen (z.B. Einkaufs-Abteilung) Funktionsbereichen.

Folgendes Beispiel zeigt die funktionale Organisation einer Personalabteilung.

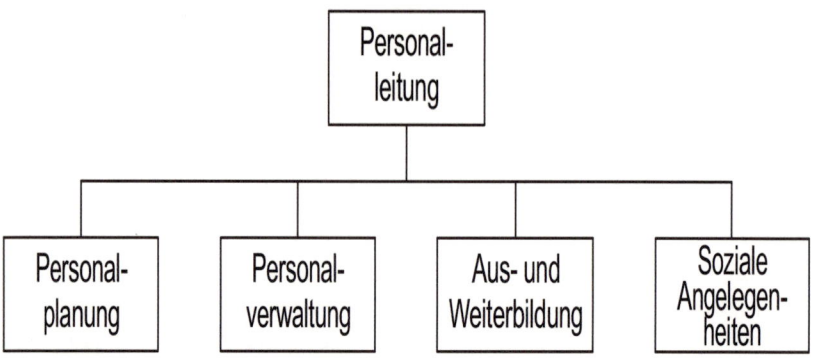

Abb. 50: Funktionsorientierte Organisation

(Quelle: Schulte-Zurhausen 2010)

In der Praxis findet sich die funktionale Organisation häufig bei Unternehmen/Organisationen, die entweder nur ein Produkt herstellen (z.B. Ruhrgas AG) oder über ein relativ homogenes Produktprogramm verfügen, wie z.B. ein Schreinerei-Betrieb. Eine reine verrichtungsorientierte Organisation illustrierte die folgende Abbildung.

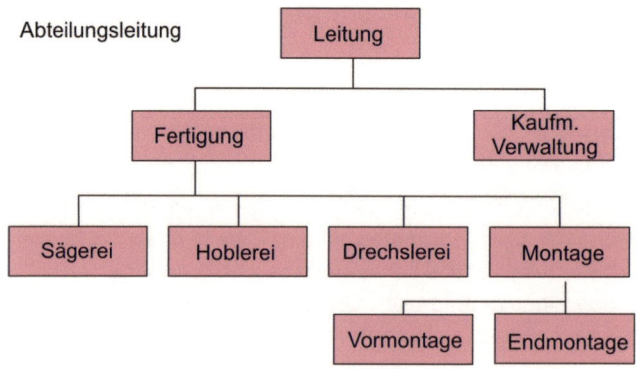

Abb. 51: Verrichtungsorientierte Organisation

(Quelle: Schreyögg/Koch 2007, 294)

Welche Vor- und Nachteile die verrichtungsorientierte Organisation mit sich bringt, verdeutlicht beispielhaft die nachstehende Übersicht.

Organisation nach Verrichtungen	
Vorteile:	**Nachteile:**
• Spezialisierungsvorteile innerhalb der einzelnen Funktionen • Kostendegressionseffekte innerhalb der einzelnen Funktionen • Berücksichtigung von Marktinterdependenzen zwischen Produkten beim Absatz möglich (Konkurrenzbeziehungen, Komplementärbeziehungen)	• Kein Bereich nimmt die Verantwortung für ein Produkt von Anfang bis zum Ende wahr • „Blick für das Ganze" fehlt • Ergebniszurechnung auf einzelne Bereiche ist schwierig; dadurch Anreiz- bzw. Motivationsprobleme

Abb. 52: Vor- und Nachteile verrichtungsorientierter Organisation

(Quelle: Angelehnt an Schreyögg 1999, 130f.)

Innerhalb der Sozialwirtschaft und der Sozialverwaltung ist eine verrichtungsorientierte Aufbauorganisation eher untypisch. Wie bereits angedeutet, entspricht diese Organisationsform auf der 2. Ebene im Prinzip dem Ablauf („Einkauf-Produktion-Verkauf") der industriellen Fertigung und eignet sich für Sozialwirtschaft und –verwaltung eher auf unteren Ebenen.

5.3 Objektorientierte bzw. divisionalisierte Organisationsstruktur

Als zweite grundsätzliche Organisationsstruktur ist die objektorientierte (syn. divisionalisierte) Organisation zu nennen, die zum Teil auch als Spartenorganisation bezeichnet wird.

Diese Organisationsform kennzeichnet sich dadurch, dass sie auf der 2. Hierarchieebene nach Objekten oder Sparten (Divisionen) geordnet ist, wobei als Objekte verschiedene Kriterien in Frage kommen.

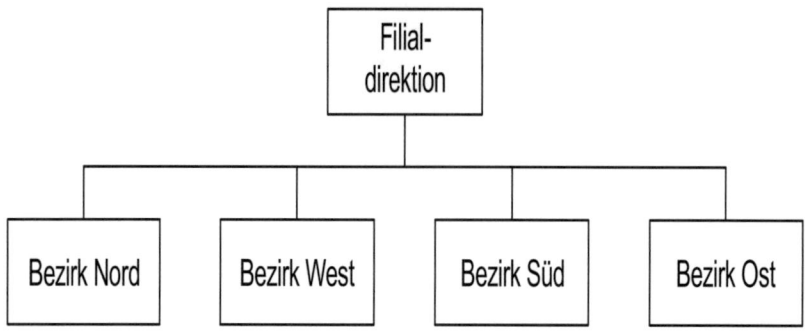

Abb. 59a: Objektorientierte Organisation nach Regionen

(Quelle: Schule-Zurhausen 2010)

In der Privatwirtschaft findet sich die objektorientierte Organisation insbesondere bei Unternehmen, die über ein diversifiziertes Produktprogramm verfügen. Weitere mögliche Objekte können z.b. sein:

- Produkte (LKW, PKW, Motorräder)
- Märkte (Europa, Amerika, Asien)
- Kunden (Einzelkunden, Großkunden)

Für Soziale Organisationen findet sich die Objektorientierung in einer typischen Aufteilung nach sozialen Arbeitsfeldern.

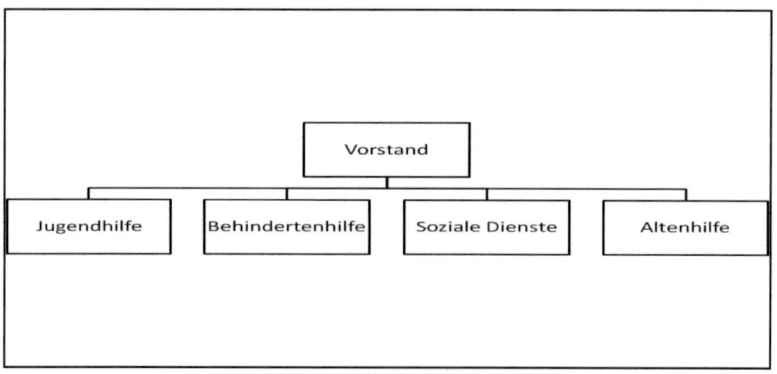

Abb. 59b: Objektorientierte Organisation in Wohlfahrtsorganisationen

(Quelle: Eigene)

Auch die öffentliche Verwaltung zeichnet sich in der Regel durch eine tendenziell objektorientierte Organisation aus. So bilden die Kategorien des

Aufgabengliederungsplanes der KGSt in ihren 8 Aufgabenhauptgruppen im Kern Objekte ab:

1. Allgemeine Verwaltung
2. Finanzen
3. Recht, Sicherheit und Ordnung
4. Schule und Kultur
5. Soziales, Jugend und Gesundheit
6. Bauwesen
7. Öffentliche Einrichtungen
8. Wirtschaft und Verkehr

Die Vor- und Nachteile der Organisation nach Objekten stellt beispielhaft die nachstehende Übersicht zusammen.

Organisation nach Objekten	
Vorteile:	Nachteile:
• Vereinfachte Erfolgszu-rechnung • Entlastung der Organisationsleitung • Vereinfachte An- und Ausgliederung von Bereichen • Hohe Motivation der Bereichsleiter aufgrund von Selbstständigkeit	• Höherer Bedarf an Leitungsstellen • Gefahr der kurzfristigen Erfolgsorientierung • Synergieverluste • Verlust von Spezialisierungsvorteilen

Abb. 54: Vor- und Nachteile der objektorientierten Organisation

(Quelle: Schulte-Zurhausen 2002, 250f.)

5.4 Stab- Linien -Organisation

Die so genannten Linien-Systeme zeichnen sich u.a. dadurch aus, dass die Instanzen ein hohes Maß an Informationen zu verarbeiten haben. Diese Feststellung kann sowohl für Ein- als auch für Mehr-Linien-Systeme aufgestellt werden. Nicht zuletzt auch aufgrund der zentralen und damit (mindestens funktional) ungeteilten Entscheidungskompetenz sind darüber hinaus vielfältige Entscheidungsprobleme zu bewältigen. Situations- und organisationsabhängig besteht hier die Gefahr, dass die Linienstelleninhaber systematisch überlastet werden.

Zur Unterstützung der Linienstellen können so genannte Stabsstellen eingerichtet werden. Eine solche Organisationsform wird als Stab-Linien-Organisation bezeichnet.

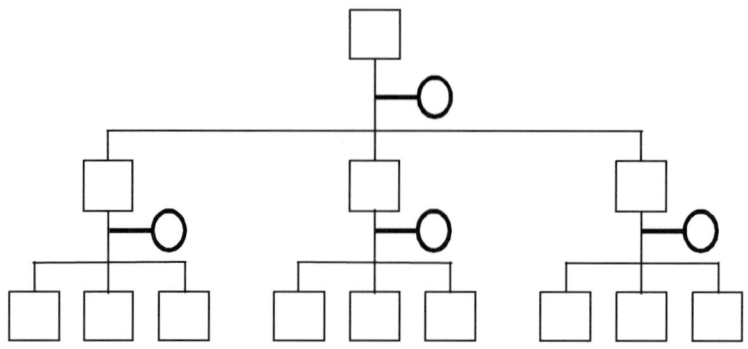

Abb. 55: Stab-Linien-Organisation

(Quelle: Schulte-Zurhausen 2010)

Stäbe besitzen die Aufgabe, die Linienstelleninhaber beratend zu unterstützen, wobei den Stäben im Normalfall gegenüber der Linie keinerlei Weisungsrecht zukommt. Die Stäbe können entweder als Stabsabteilungen mit mehreren Mitarbeitern und z.T. einer eigenen Hierarchie gebildet werden oder aber als einzelne Stabsstellen mit einem oder wenigen Mitarbeitern.

Zusammengefasst kann der typische Aufgabeninhalt von Stabsstellen in etwa wie folgt gesehen werden:

- fachliche Beratung der Linie

- Entscheidungsvorbereitung für die Linie

- Anregung, Entwicklung und Formulierung von Zielen

- Bearbeitung von speziellen Aufgaben, die keiner Linienstelle dauerhaft zugeordnet werden können

- Allgemeine Informationsbeschaffung und -verarbeitung für die Linie

Aufgabe von Stäben ist es folglich Sachwissen der Linieninstanzen zu kanalisieren, Informationen zu verdichten, Daten auszuwählen und vorzubereiten etc. Die Stab-Linien-Organisation weist wie alle Organisationsformen spezifische Vor- und Nachteile auf, die folgend beispielhaft genannt sind.

Stab-Linien-Organisation	
Vorteile:	**Nachteile:**
• Entlastung der Linieninstanzen • Spezialisierung von Stäben und Instanzen aufgrund ihrer Arbeitsteilung • Qualitativ hochwertige Entscheidungen aufgrund professionellerer Vorbereitung	• Gefahr von Kompetenz-streitigkeiten von Stab und Linie, trotz klarer Weisungs-beziehung • Stäbe üben Einfluss aus ohne Verantwortung zu tragen – Wissensgefälle zugunsten des Stabes • Gefahr verdeckter Einflussnahme („Graue Eminenz-Problem") • Personeller Zuwachs nach dem Parkinsonschen Gesetz

Abb. 56: Vor- und Nachteile der Stab-Linien-Organisation

Über diese eher organisatorisch geprägte Diskussion hinaus können aus der Beziehung zwischen Stab und Linie auch Probleme auf der menschlichen Ebene entstehen. So können etwa aufgrund von personellen Unterschieden (z.B. Akademiker (Stab) vs. Berufsfachqualifikation (Linie)) Kommunikationsprobleme entstehen.

Darüber hinaus impliziert die Stabsaufgabe es auch, die gewohnten Handlungsmuster der Linie systematisch in Frage zu stellen, womit ein weiteres Konfliktpotential gegeben ist.

Die Frage, wie die Probleme zwischen Stab und Linie gelöst werden können, kann im Grunde nicht befriedigend beantwortet werden. Zumindest theoretisch denkbar erscheint es, dass zwischen Stab und Linie eine so genannte „job rotation" stattfindet oder dass über alternative Formen der Zusammenarbeit zwischen Spezialisten und Generalisten, etwa im Rahmen von Projektarbeit, eine vertrauensbildende Zusammenarbeit gefördert wird.

In der organisatorischen Praxis nehmen Stäbe häufig die Rolle von Referenten (z.B. persönlicher Referent des Vorstands) wahr. In diesen Fällen kommt ihnen eindeutig die Funktion einer Führungshilfsfunktion zu, indem sie die Eingangspost durchsehen und Vorlagen erstellen, d.h. also Informationen filtern und aufbereiten, Kontakte zwischen der Leitung und (anderen) unterstellen Mitarbeitern herstellen, Konferenzen vorbereiten und auswerten sowie auch fachbezogene Reden des Linienvorgesetzten vorbereiten.

5.5 Ein-und-Mehr-Linien-Organisation

Das Ein- und Mehr-Linien System stellt zusammen mit der verrichtungs-orientierten-, der objektorientierten sowie der Stab-Linien Organisation das klassische Repertoire an möglichen Organisationsformen dar.

Das Ein-Linien-System ist ein vom Grundgedanken der Hierarchie getrage-nes Organisationsmodell. Es kennzeichnet sich bei durch einen einheitlichen Instanzenweg, d.h. jeder Mitarbeiter hat genau einen direkten Vorgesetzten. Damit wird sichergestellt, dass die Leitung einheitlich erfolgt (Entschei-dungszentralisation) und ein von unten nach oben zweifelsfreier Dienstweg entsteht.

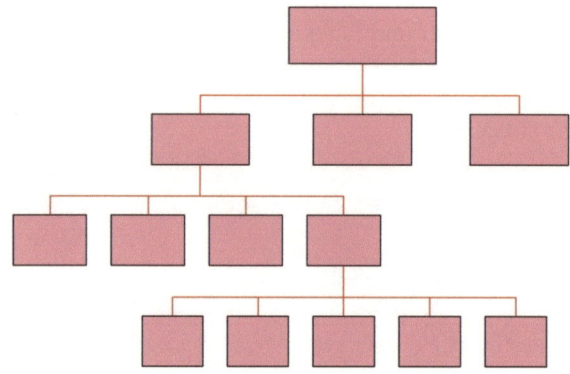

Abb. 57: Ein-Linienorganisation

(Quelle: Schreyögg/Koch 2007, 305)

Vorteile des Ein-Linien-Systems:

- Rechte und Pflichten sind klar abgegrenzt
- Einheit der Auftragserteilung
- Wenig Kompetenzdiskussionen
- Klarheit über den Weg der (dienstlichen) Kommunikation
- Erleichterte Kontrolle
- Klare Zuordnung von Verantwortung im positiven und negativen Fall

Nachteile des Ein-Linien-Systems

- Starke Belastung der Leitungsspitze
- Unflexibel, schwerfällig aufgrund vorgegebener Kommunikationswege
- Spezialisierungspotentialen wird entgegengewirkt
- Gefahr der Informationsverzerrung auf dem Dienstweg
- Überbetonung der Hierarchischen Stellung

Das Mehr-Linien-System lässt sich zurückführen auf Taylor („Funktionsmeister-Prinzip").

Wie die Bezeichnung schon andeutet, hat der einzelne Mitarbeiter in diesem Falle zwei oder mehr Vorgesetzte, von denen er fachliche Weisungen erhält.[48] Die Einheitlichkeit der Leitung und der Auftragserteilung wird folglich aufgegeben.

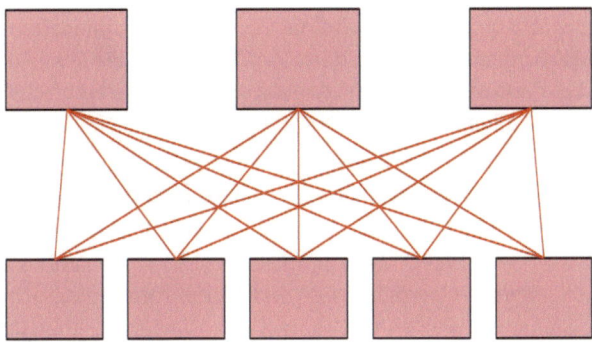

Abb. 58: Mehr-Linienorganisation

(Quelle: Schreyögg/Koch 2007, 305)

Als zentrales Organisationsprinzip ist das Mehr-Linien-System heute kaum mehr anzutreffen, wogegen dieses Organisationsprinzip in betrieblichen Teilbereichen durchaus noch verbreitet ist. Zum Teil findet sich in der Praxis eine Mehrfachunterstellung in der Form, dass zwischen fachlicher und disziplinärer Unterstellung unterschieden wird.

Das Kernproblem dieses Systems erscheint offensichtlich: Jeder Vorgesetzte erwartet von „seinem" Mitarbeiter ein entsprechendes Verhalten. Lassen sich die Vorgaben der Vorgesetzten nicht harmonisieren, entsteht insbesondere für den Mitarbeiter das Problem quasi „zwei Herren" dienen zu müssen.

---

[48] Vgl. vertiefend z.B. Hill, W./et al. (1994, 193ff.)

Vorteile des Mehr-Linien-Systems

- Vermeidung des (schwerfälligen und zeitintensiven) Instanzenweg
- Direkte fachliche Anweisungen, ohne Umweg des Dienstweges
- Spezialisierung wird gefördert

Nachteile des Mehr-Linien-Systems

- Gefahr der Kompetenzüberschneidung
- Gefahr von Loyalitätskonflikten für den Mitarbeiter
- Verstoß gegen den Grundsatz der Einheit der Auftragserteilung

5.6 Matrixorganisation

Im Grunde lässt sich die Matrixorganisation als ein Ansatz verstehen, der hervorgegangen ist aus der Kritik der jeweiligen Vor- und Nachteilen der Verrichtungs- und Objektorganisation.

Im Falle der Matrixorganisation wird die Verrichtungsorganisation horizontal um eine Objektorganisation erweitert. Verknüpft man die jeweiligen Verbindungspunkte, dann entsteht ein zweidimensional hierarchisches Gebilde, das das Aussehen einer Matrix besitzt.

Konzeptionell ist die Matrixorganisation ein Mehr-Linien-System, da die Mitarbeiter innerhalb des Matrixfeldes sowohl an einen objektorientierten als auch einen verrichtungsorientierten Vorgesetzten berichten. Bezweckt wird mit dieser Organisationsform, dass aus dem Verschmelzen beider Grundformen zwischen Verrichtungs- und Objektform etwas „Drittes" entsteht, das zu einem Gleichgewicht führt. Die horizontale Dimension soll also Einfluss auf die vertikale Dimension nehmen und umgekehrt.

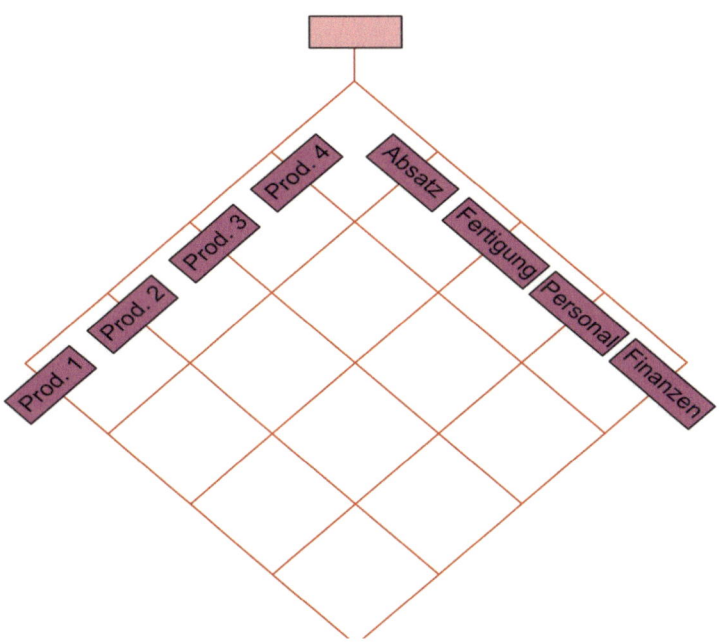

Abb. 59: Matrix-Organisation

(Quelle: Schreyögg/Koch 2007, 312)

Beispiel:

Bezogen auf die Sozialwirtschaft wäre es denkbar im Falle eines großen Trägers die Matrix-Organisation wie folgt anzuwenden:

- für die Verrichtungen Bereiche wie: Personal, Rechnungswesen, Öffentlichkeitsarbeit
- für die Objekte eine Ordnung nach Hilfefeldern (Soziale Dienste, Jugendhilfe, Altenhilfe).

Matrix-Organisation	
Vorteile	**Nachteile**
• Direkte Wege fördern den Austausch von Informationen • Nutzung von Spezialisierungsvorteilen • Permanente Teamarbeit der Leitungen fördert qualitativ gute Problemlösungen	o Keine einheitliche Leitung o Hoher Bedarf an Leitungsstellen o Schwerfällige Entscheidungsprozesse o Gefahr unbefriedigender Kompromisse o Hohes Konfliktpotential

Abb. 60: Vor- und Nachteile der Matrix-Organisation

(Quelle: Eigene)

Insgesamt lässt sich festhalten, dass die Matrix-Organisation als offizielle strukturgebende Aufbauorganisation in der Sozialwirtschaft und öffentlichen Verwaltung eher selten anzutreffen ist.

5.7 Netzwerkorganisation

Eine Netzwerkorganisation besteht aus relativ autonomen Mitgliedern (Einzelpersonen, Gruppen, Institutionen), die langfristig durch gemeinsame Ziele miteinander verbunden sind und koordiniert zusammenarbeiten.[49]

Als gemeinsame Klammer – und daher entscheidend – wirkt die Tatsache, dass die Mitglieder ein übergeordnetes, gemeinsames Ziel verfolgen.

Im Allgemeinen können unterschieden werden:

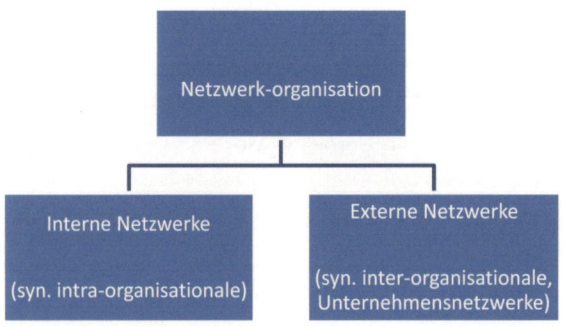

Abb. 61: Grundformen der Netzwerkorganisation; (Quelle: Eigene)

Interne (syn. intraorganisationale) Netzwerke setzen sich zusammen aus Mitgliedern einer bestimmten Organisation, die in intensiven sowohl horizontalen als auch vertikalen Beziehungen zueinander stehen. Im Unterschied

---

[49] Schulte-Zurhausen (2002, 263) sowie folgend ders. (2002, 263 ff.)

zur „normalen" Hierarchie beruhen interne Netzwerke auch auf persönlichen Beziehungen.

Hauptsächlich lassen sich interne Netzwerke daher auch durch kollegiale Beziehungen zwischen gleichrangigen Fachkräften und partnerschaftliche Zusammenarbeit bezeichnen.

In organisationstheoretischer Hinsicht sind interne Netzwerke der so genannten „Sekundärorganisation" zuzuordnen, wie sie unten noch beschrieben werden.

Externe oder inter-organisationale Netzwerke konstituieren sich aus mehreren rechtlich und wirtschaftlich eigenständigen Organisationen. Was diese Art der Zusammenarbeit letztlich bezweckt, ist von dieser Strukturierungsform nicht abhängig.

So kann der Gegenstand der Zusammenarbeit den gesamten Prozess der Entwicklung, Produktion und Vermarktung von Produkten oder Dienstleistungen umfassen. Denkbar ist aber auch, dass sich die Zusammenarbeit auf nur eine oder wenige Funktionen bezieht, so dass die kooperierenden Organisationen bezüglich anderer Funktionsbereiche weiterhin zueinander im Wettbewerb stehen.

Als weitere Ausprägungen von externen Netzwerken können das Franchising die „Virtuelle Organisation" und so genannte Joint Ventures genannt werden.

Der wirtschaftliche Sinn der Zusammenarbeit ist dadurch gegeben, dass insbesondere Synergieeffekte erzielt werden können, die ohne das Netzwerk aufgrund fehlender Ressourcen nicht oder nur schwer möglich wären.

Sowohl in Sozialwirtschaft als auch mittlerweile in der kommunalen Verwaltung (Shared Service Center) findet sich diese Art der Kooperation z.B. in der gemeinsamen Nutzung auf dem Gebiet der Personaladministration in Form der Entgeltabrechnung.

5.8 Ergänzende Organisationstypen

Der tagtäglich stattfindende Aufgabenvollzug wird überwiegend im Rahmen der oben beschriebenen Organisationsformen durchgeführt.

Gleichwohl bedarf es zuweilen der organisatorischen Umorientierung, insbesondere bei komplexen Problemstellungen, die nicht alltäglich anfallen sowie bei fachlich übergreifenden Daueraufgaben.

Für diese Aufgaben wird u.a. auf Formen der Sekundärorganisation zurückgegriffen, wie sie die im Weiteren vorgestellte Organisation in Projekten und Arbeitsgruppen darstellt.

In beiden Alternativen wird auf die besondere Problemlösungsfähigkeit von fachlich heterogenen Gruppen vertraut. Es bietet sich daher an, die Vorteile von organisierten Gruppen besonders hervorzuheben:[50]

- Es können gleichzeitig mehrere fachliche Aspekte berücksichtigt werden

- Die unmittelbare Kommunikation beschleunigt die Arbeit

- Mündliche Erörterungen fördern assoziatives Denken, aktiviert unbewusstes Wissen und führt zur Entwicklung neuer Ideen

- Mitarbeit in einer Gruppe motiviert in der Regel, was die Leistungsbereitschaft erhöhen kann

5.8.1 Projektorganisation

5.8.1.1 Grundlagen

Ein Projekt bzw. die damit verbundene Projektorganisation hebt sich von den bis hierher dargestellten Organisationsformen insofern hervor, dass die angestammte Struktur und Hierarchie verändert bzw. (zumindest lokal und temporär) aufgegeben wird.[51]

Ein „Projekt" kann wie folgt definitorisch eingegrenzt werden:[52] Als Projekt lässt sich ein zielorientiertes, neuartiges, einmaliges und zeitlich befristetes Vorhaben bezeichnen, das einen komplexen Schwierigkeitsgrad aufweist und deshalb eine Zusammenarbeit von Spezialisten der betroffenen Bereiche verlangt.

Als mögliche *Beispiele* für Projekte kommen etwa in Frage:[53] Neubauten, große Anlageprojekte, Einführung neuer Methoden, Entwicklung und Einführung neuer Produkte bzw. Dienstleistungen etc.

In der Organisationslehre wird die Projektorganisation zuweilen auch als Erscheinungsform der Sekundärorganisation bezeichnet.

Während die Primärorganisation – d.h. die ursprüngliche Organisation – für alltägliche Routineaufgaben Gültigkeit beansprucht, wird auf Formen der

---

[50] Siepmann/Siepmann (2004, 66)
[51] Vgl. vertiefend zu Projektmanagement z.B. Bokranz/Kasten (2003, 401 ff.)
[52] Vahs (2003, 93)
[53] Hill (1994, 202)

Sekundärorganisation wie z.B. der Projektorganisation, zur Bewältigung von speziellen, hierarchieergänzenden und hierarchieübergreifenden Aufgaben zurückgegriffen. Zu beachten ist, dass die Bezeichnung „sekundär" nicht mit „unwichtig" o.ä. gleichzusetzen ist, sondern Sekundärorganisation eine Organisationsalternative für anders gelagerte Probleme bietet.

Es liegt auf der Hand, dass aufgrund des neuartigen Charakters der Aufgaben mit denen sich Projekte auseinandersetzen, die Gefahr des Scheiterns höher einzustufen ist als bei routinemäßig durchgeführten Aufgaben, die tagtäglich anfallen. Zur Erhöhung der Erfolgswahrscheinlichkeit lassen sich allgemein die folgenden Faktoren nennen:[54]

- *Eindeutigkeit des Auftraggebers* (in der Sozialwirtschaft der Vorstand, in der Kommunalverwaltung i.d.R. der Rat der Stadt)

- *Klare und realistische Auftragsformulierung* (Ziele/Ergebnisse müssen operationalisierbar sein)

- *Schulung der Projektbeteiligten* (Projektmitglieder benötigen hinreichende Informationen zum und über den Projektauftrag)

- *Aufgaben, Kompetenz und Verantwortung* (Eindeutige Regelung aller drei Aspekte; insbesondere klare Abgrenzung zur Primärorganisation)

- *Unterstützung durch den Auftraggeber* (Politische Unterstützung durch den Auftraggeber)

- *Keine Unsicherheit über die Nach-Projektphase* (Projektmitarbeiter benötigen klare Kenntnis über ihren Einsatz/Verbleib nach Abschluss des Projektes)

Daneben lassen sich auch Anforderungen an die Mitglieder der Projektgruppe richten:

- Aufgeschlossenheit gegenüber Innovationen

- Geistige Beweglichkeit für den Blick über den inner- und außerorganisatorischen „Tellerrand"

- Bereitschaft und Fähigkeit zur Gruppenarbeit

- Kein Ressortegoismus

- Einsatz des vorhandenen Wissens und Könnens

- Gehobene Fachkenntnisse über das eigene Spezialgebiet

---

[54] Hopp/Göbel (2004, 181 f.)

Die oben skizzierte Form der Projektorganisation stellt lediglich eine mögliche Grundform dar. Die Theorie und Praxis kennt hier weitere Erscheinungsformen, wie z.B.:[55]

- Matrix Projektorganisation
- Stabs-Projektorganisation

5.8.1.2 Stabs-Projektorganisation

Während in der reinen Projektorganisation die Mitarbeiter aus ihrer Primärorganisation ausgegliedert und dem Projekt zugewiesen werden, verbleiben die Projekt-Mitarbeiter auf ihren Stellen der Primärorganisation (Matrix Projektorganisation) bzw. wird die primäre Linienorganisation durch die Stabsstelle des Projektkoordinators ergänzt, der aber gegenüber den Projekt-Mitarbeitern keinerlei Weisungsbefugnis besitzt.[56]

Bei der Stab-Projektorganisation bleibt die bestehende Organisation weitestgehend bestehen. Der Projektleiter hat eine Stabsstelle und greift für einzelne Aufgaben auf Ressourcen aus der Linie zurück.

Die Vor- und Nachteile der Stabs-Projektorganisation lassen sich folgender Maßen zusammenfassen:

Vorteile

- Wenig organisatorische Umstellungen
- Nutzung des technischen Know-hows der funktionalen Abteilungen
- Aufgrund der spezifischen Erfahrungen effiziente Nutzung der Ressourcen und hohe Wahrscheinlichkeit des Erreichens von Leistungs- und Kostenzielen

Nachteile

- Keine Weisungsbefugnis des Projektleiters (schwache Position des Projektleiters)
- Bei Konflikten Überlastung übergeordneter Instanzen
- Tendenz zur Verfehlung des Zeitziels
- Möglicherweise Widerstände gegen Projekte

---

[55] Vgl. Bea/Göbel (1999, 345 ff.). Vgl. folgend überwiegend Kolisch/Harland (2011)
[56] Für vertiefende Erläuterungen vgl. z.B. Bea/Göbel (1999, 345 ff.)

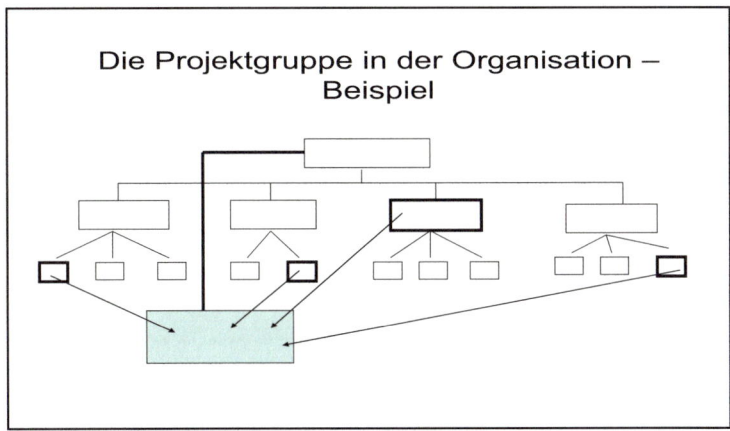

Die Projektgruppe in der Organisation –
Beispiel

Abb. 62: Stabs-Projektorganisation

(Quelle: Eigene)

Die Aufgabe des Projektleiters, genauer Projektkoordinator, besteht im Falle der Stabs-Projektorganisation darin, die Terminüberwachung zu übernehmen, die Linienvorgesetzten mit Informationen zu versorgen oder auch sie in projektspezifischen Fragestellungen zu beraten. Oftmals ist der Projektleiter oder –koordinator unmittelbar einer der oberen Leitungsstelle unterstellt.

5.8.1.3 Matrix-Projektorganisation

Bei der Matrix-Projektorganisation bleibt die Linienstruktur zwar bestehen, die Projektleiter nehmen allerdings eine von den Liniestellen unabhängige Position ein. Die Mitarbeiter bleiben grundsätzlich ihren (ursprünglichen) Linienvorgesetzten disziplinarisch zugeordnet, für die Dauer des Projektes werden sie aber dem Projektleiter unterstellt.

Die faktische Stärke der Matrix-Projektorganisation ist eng verbunden mit der Frage nach der Budgetverantwortung.

Die Projektleiter haben dann eine starke Stellung, wenn ihnen direkt Projektbudgets zugewiesen sind und die Abteilungsleiter ihre Abteilungen durch „internen Verkauf" von Manntagen (Stichwort: interne Verrechnungspreise) an die Projektleiter refinanzieren müssen.

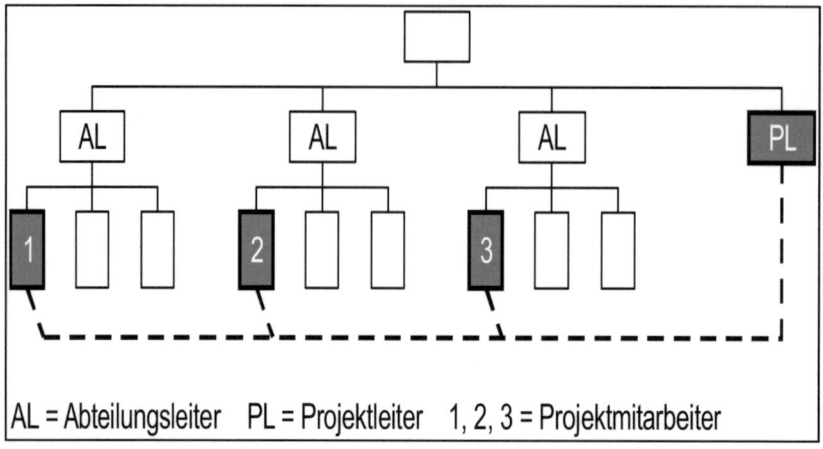

AL = Abteilungsleiter   PL = Projektleiter   1, 2, 3 = Projektmitarbeiter

Abb. 63: Matrix-Projektorganisation

(Quelle: Schulte-Zurhausen 2010)

Auch für die Matrix-Projektorganisation lassen sich Vor- und Nachteile zusammenführen:

Vorteile:

- Synergieeffekte und Konzentration des technisches Wissens in den funktionalen Stellen
- Vom Projekt unabhängige Stellen und Entwicklung der Mitarbeiter
- Entwicklungspfade für Generalisten und Spezialisten

Nachteile:

- Schwierigkeit der Machtbalance (Konflikte durch Mehrliniensystem)
- Abhängigkeit der Projektleitung von i.w.S. technischem Wissen der funktionalen Abteilungen

5.8.1.4 Reine Projektorganisation

Als Extremfall kann schließlich die so genannte reine Projektorganisation verstanden werden. In diesem Fall entfällt auf den unteren Führungsebenen jede Form der Linienorganisation.

Die Mitarbeiter sind in jeder Hinsicht dem Projektleiter unterstellt und werden – sobald das eine Projekt beendet ist, einem anderen Projekt zugewiesen.

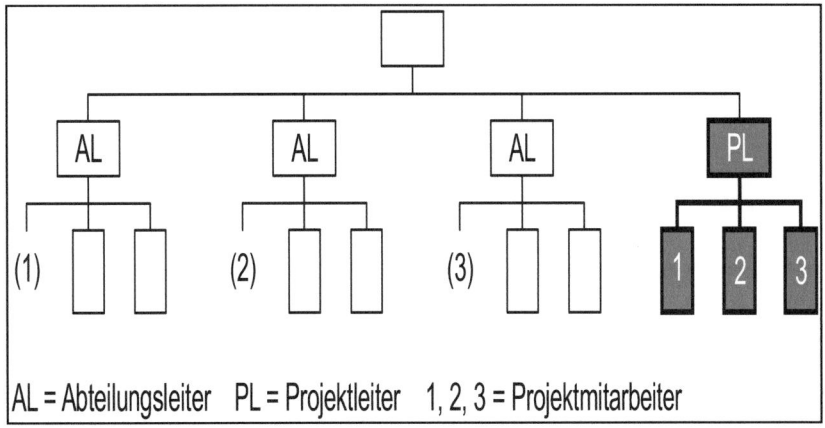

AL = Abteilungsleiter   PL = Projektleiter   1, 2, 3 = Projektmitarbeiter

Abb. 64:   Reine Projektorganisation

(Quelle: Schulte-Zurhausen 2010)

Auch für die Variante reinen Projektorganisation existieren typische Vor- und Nachteile:

Vorteile

- Einfaches Schnittstellenmanagement

- Weisungs- u. Entscheidungsbefugnis sowie Verantwortlichkeit des Projektleiters

- Flexibilität des Projektleiters innerhalb der Projektressourcen

Nachteile

- Geringe Auslastung der Ressourcen

- Kein Zugriff auf Ressourcen außerhalb der Projektorganisation

- Keine Synergieeffekte der Ressourcen

- Schwierigkeiten beim gezielten Aufbau von Kompetenzen

5.8.2   Koordination durch Arbeitsgruppen

Von der Mitarbeit in einem Projekt ist die Mitarbeit in einer Arbeitsgruppe terminologisch zu unterscheiden.

Während oben dem Projekt ein gewisser Grad an Neuigkeit bzw. Einmaligkeit zugeordnet wurde, wird die Arbeitsgruppe bei sich wiederholenden Koordinationsaufgaben gebildet. Darüber hinaus stellt sie im Unterschied zur Projektgruppe eine ständige Einrichtung dar und ihre Mitglieder verbleiben –

anders als bei der reinen Projektorganisation – weiterhin dem Linienvorgesetzten unterstellt.

Unter einer Arbeitsgruppe kann eine Gruppe von Mitarbeitern verstanden werden, denen die Erfüllung oder Koordination von (fachübergreifenden) Daueraufgaben übertragen worden ist.

Als zentrale Gemeinsamkeit zwischen Projekt und Arbeitsgruppen lässt sich festhalten, dass beide Organisationsformen die Fachkenntnisse von mehreren unterschiedlichen Beteiligten erfordern

5.8.3 „Linking Pin"

Ein alternativer Ansatz gruppenorientierter Organisationsstrukturen ist von Likert im Grundsatz erarbeitet worden.

Die Grundidee dieser Struktur besteht darin, dass es möglich sein sollte, dass Informationen zwischen unterschiedlichen Gruppen, auch hierarchieübergreifend, verfügbar sind.

Es wird dabei davon ausgegangen, dass die Mitarbeiter eines Bereichs (z.B. einer Abteilung) zusammen mit ihrem Vorgesetzten eine Gruppe bilden. Der Vorgesetzte (=Gruppenleiter) ist auf der jeweils nächst höheren Hierarchieebene wiederum ein einfaches Mitglied einer weiteren Gruppe.

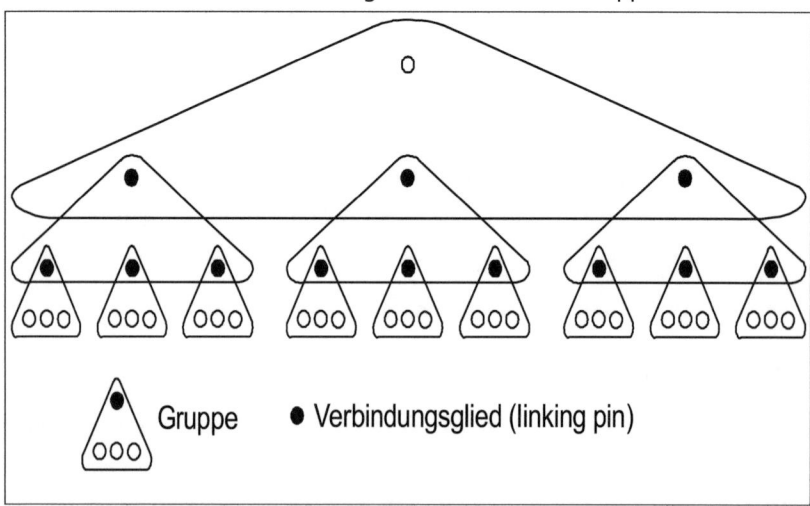

Abb. 65: „Linking pin" – Grundform

(Quelle: Likert 1967, S. 50)

Der Vorgesetzte stellt in dieser Struktur den „linking pin" dar, d.h. er verbindet verschiedene Gruppen und Hierarchieebenen miteinander, so dass ein stetiger Informationsfluss gewährleistet werden kann.

Um dieses zu erreichen, ist es notwendig, dass der Vorgesetzte an den Gremien, Diskussionsrunden etc. beider Gruppen bzw. Hierarchieebenen regelmäßig teilnimmt und ggf. aus der jeweils anderen Bericht erstattet.

Während die obige Darstellung auf eine vertikale Verbindung abstellt, lässt sich eine weitere Variante denken, die auf eine horizontale Erweiterung abstellt. In diesem Fall verfügen auf jeder Hierarchieebene je zwei Gruppen über ein gemeinsames Mitglied, welches an beide Gruppenleiter berichtet.

5.9 Dokumentation der Aufbauorganisation

In den vorangegangenen Abschnitten wurden einige elementare Grundformen und -fragen der Aufbauorganisation dargelegt, wie sie sich aus der allgemeinen gehaltenen Organisationslehre präsentieren. Ausgangspunkt waren dabei die *Aufgaben* der Organisation, die über die Aufgabenanalyse und -synthese zum Konstrukt der *Stelle* und schließlich zu *Abteilungen* führten.

Auch die Darstellungen der Aufbauorganisation, wie sie die Sozialverwaltung in der kommunalen Praxis kennt, basiert in Kern auf der Frage nach den Aufgaben. In der Regel wird dabei auf die Aufgabengliederung zurückgegriffen, wie sie die KGST vorgeschlagen hat und oben bereits eingeführt wurde. Ausgehend von dieser Gliederung finden folgende Instrumente zur Dokumentation der Aufbauorganisation in den Gemeinden Anwendung:

- Verwaltungsgliederungsplan
- Dezernatsverteilungsplan
- Geschäftsverteilungsplan
- Stellenbeschreibungen

Regelmäßig entspricht der Aufbau der meisten Kommunalverwaltungen mehr oder weniger der Aufgliederung der KGST, wobei die acht Hauptgruppen Dezernate und die jeweiligen Aufgabengruppen die Ämterebene abbilden.

Eine solche Ordnung, die aus der allgemeinen Aufgabenstruktur eine Entsprechung in der realen Verwaltungspraxis ableitet, bezeichnet man als Verwaltungsgliederung bzw. Verwaltungsgliederungsplan. Nachstehend ist exemplarisch ein Auszug des Verwaltungsgliederungsplans der Stadt Bochum abgebildet, in dem z.B. das Sozial- und Jugendamt sich am Dezernat für Sozial-, Jugend- und Gesundheitsverwaltung

Verwaltungsgliederungsplan					**Stadt Bochum**
Allgemeine Verwaltung	Finanzverwaltung/ Verwaltung für öffentliche Einrichtungen, Wirtschaft und Verkehr	Rechtssicherheits- und Ordnungsverwaltung	Schul- und Kulturverwaltung	Sozial-, Jugend- und Gesundheitsverwaltung	Bauverwaltung
Stabsstelle Projekte	Kämmerei, Kassen- und Steueramt	Rechtsamt	Schulverwaltungsamt	Stabsstelle Sozialplanung	Amt für Bauverwaltung und Wohnungswesen
Büro für Angelegenheiten des Rates und der Oberbürgermeisterin	Wirtschaftsförderung Bochum	Ordnungsamt	Kulturbüro	Sozialamt	Stadtplanungs- und Bauordnungsamt
Gleichstellungsstelle		Veterinäramt	Stadtarchiv	Jugendamt	Amt für Geoinformation, Liegenschaften und Kataster
Geschäftsstelle Frauenbeirat		Einwohneramt	Bochumer Symphoniker	Sport- und Bäderamt	Tiefbauamt
Integrationsbüro		Chemisches Untersuchungsamt	Museum Bochum	Gesundheitsamt	Umwelt- und Grünflächenamt
Geschäftsstelle Seniorenbeirat		Feuerwehr- und Rettungsdienst	Sternwarte Bochum	Institut für medizinische Mikrobiologie -Medizinaluntersuchungsamt der Stadt Bochum (Universitätsinstitut)	Zentraler Baubetriebshof

Abb. 66: Verwaltungsgliederungsplan der Stadt Bochum- Auszug

Eine weitere Konkretisierung vollzieht sich durch die Aufstellung eines Dezernatsverteilungsplans. In diesem wird – nach sachlichen und politischen Kriterien – festgelegt, welche Ämter unter der Leitung eines bestimmten Dezernenten bzw. Beigeordneten stehen. Die Dezernatsverteilung muss nicht mit der Verwaltungsgliederung identisch sein und kann durchaus eine andere Strukturierung aufweisen. Die nachstehende Abbildung gibt als Beispiel den Dezernatsverteilungsplan der Stadt Kamen wieder.

Stadtverwaltung Kamen

Bürgermeister
Herr Hupe

Dezernatsverteilungsplan
2008 (Stand: 01.09.2008)

Dezernat I
1. Beigeordneter
Herr Baudrexl

Dezernat II
Beigeordneter
Herr Brüggemann

FB 10 - Innerer Service	Tost
10.1 Steuerung, Ratsbüro	Peppmeier
10.2 Finanz- u. Bilanzbuchhaltung	Hermani
10.3 Datenverarbeitung	Baumeister
10.31 Technikunterstützte Informationsverarbeitung	
10.32 Stadtkasse	
10.4 Personal, Zentrale Dienste	Vehlow
10.5 Steuern und Gebühren	Kaufmann

FB 60 - Planung, Bauen, Umwelt	Liedtke
60.1 Straßen	N.N.
60.2 Planung, Umwelt	Breuer
60.3 Bauordnung	

FB 70 - Servicebetriebe	Steffen
70.1 Wirtschafts- und Verwaltungsdienst	Kansteiner
70.2 Gebäudemanagement	Böckmann
70.3 Betriebsdienst	Steffen

80 Stadtentwässerung Kamen	

01 Servicedienst Bürgermeister	Frieling
02 Gleichstellungsbeauftragte	Grothaus

FB 14 Rechnungsprüfung	Burgemeister

Fachdezernat Wirtschaftsförderung,
Stadtmarketing
Herr Sostmann

FB 23 - Wirtschaftsförderung, Liegenschaften, Stadtmarketing	Reich
23.1 Wirtschaftsförderung, Liegenschaften, Stadtmarketing, Gewerbe	Watolla
23.2 Städtepartnerschaften, Seniorenarbeit	Kosanetzki

43 VHS-Zweckverband Kamen-Bönen von Horadam	

FB 30 - Bürger Service	Grudnio
30.1 Recht, Ordnung und Verkehr	Bublitz
30.2 Bürgerbüro	Amlang
30.3 Wohnstelle, Unterstützungsleistungen	Völkel

FB 37 - Feuerwehr und Rettungsdienst	
	Balkenhoff

FB 40 - Kultur	Frieling
40.01 Bücherei	
40.02 Musikschule	
40.03 Archiv, Museum	
40.04 Erwachsenenbildung	
40.1 Kultur	Kasper

FB 51 - Jugend, Schule und Sport	
	Güldenhaupt
51.1 Wirtschaftliche Jugendhilfe Soziale Dienste	Peske
51.2 Jugendhilfeplanung, Offene Jugendarbeit	Dunker
51.3 Schule, Sport	Schwenzner

Abb. 67: Dezernatsverteilungsplan der Stadt Kamen

Schließlich ist an dieser Stelle noch auf den so genannten Geschäftsverteilungsplan hinzuweisen. Der Geschäftsverteilungsplan legt für jeden Aufgabenträger die konkreten Aufgabengebiete, Zuständigkeiten etc. fest. Insofern ist der Geschäftsverteilungsplan im Grunde auch die Basis des Stellenplanes, in welchem wiederum festgehalten wird, wie viele Stellen mit welcher Besoldungs- bzw. Vergütungsgruppe grundsätzlich zur Verfügung stehen. „Zur Verfügung stehen" meint an dieser Stelle nicht zwingend auch besetzt sein müssen. Gerade in Zeiten angespannter Haushaltslagen ist es verbreitet, frei gewordene Stellen zwecks Kosteneinsparung eine gewisse Zeit lang nicht wiederzubesetzen.

Als letztes Instrument zur Dokumentation der Aufbauorganisation ist der Vollständigkeit halber noch auf die Stellenbeschreibung hinzuweisen. Auf die Stellenbeschreibung ist bereits oben eingegangen worden, so dass an dieser Stelle darauf verzichtet wird.

Die Abbildung 68 gibt den kaskadenähnlichen Aufbau der vorgestellten Möglichkeiten zur Dokumentation der kommunalen Aufbauorganisation wieder.

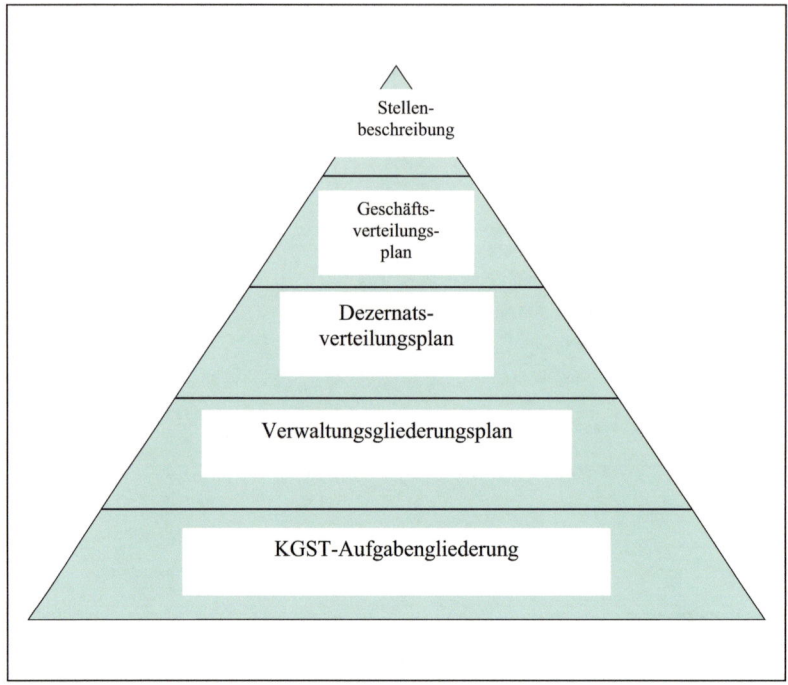

Abb. 68: Dokumentation der Aufbauorganisation

(Quelle: Eigene)

5.10 Organisation und das Lebenslagenkonzept

In einigen neueren organisatorischen Überlegungen der Kommunalverwaltungen taucht seit einiger Zeit eine Konzeption auf, die aus der Perspektive des Bürgers/Kunden eine etwas anders gelagerte organisatorische Betrachtung der Kommunalverwaltung nahe legt.

Anders als die regelmäßig vorzufindende Organisation nach fachlichen Objekten (z.B. Dezernat „Soziales Jugend Kultur"), deren Einrichtung ja eher das Ergebnis einer verwaltungsinternen Zweckmäßigkeitsbetrachtung darstellt, fragt das Lebenslagenkonzept aus der Sicht des Bürgers.

Der zentrale Gesichtspunkt ist die Frage danach, in welcher „Lebenslage" sich ein Bürger der Gemeinde befindet bzw. befinden kann. Diese reichen von „Ausweis und Pass" über „Familie, Partnerschaft, Geburt" bis hin zu „Wohnen und Umzug".

Immer steht die Frage danach im Mittelpunkt, auf welche Leistungen oder Produkte der Verwaltung der Bürger in der jeweiligen Lebenslage zurückgreifen will bzw. muss und danach auch die Ordnung/Organisation der Verwaltung auszurichten.

So macht es auch dieser Sichtweise etwa Sinn, Leistungen und Produkte zur Lebenslage „Wohnen und Umzug" an einer einzigen Stelle kundenorientiert abrufbar bzw. erreichbar anzubieten.

Die nachstehende Übersicht vermittelt einen Überblick über mögliche Lebenslagen, wie sie für die Stadt Dortmund beschrieben wurden.

Dortmund nach Lebenslagen	
• Arbeit, Beruf und Unternehmensgründung • Ausweis und Pass • Auto und Verkehr • Familie, Partnerschaft und Geburt • Immobilien und Bauen • Krankheit, Behinderung und Notlagen • Politik und Gesellschaft • Ruhestand und Seniorenangebote	• Schule, Studium, Aus- und Weiterbildung • Sterbefall, Erbschaft und Testament • Steuern und Abgaben • Tierhaltung und Jagd • Umwelt und Entsorgung • Wehr- und Zivildienst • Wohnen und Umzug

Abb. 69: Lebenslagenkonzept – Beispiel: Stadt Dortmund

(Quelle: Eigene)

6 Ablauf- und Prozessorganisation

6.1 Grundlagen

Während in den vergangenen Jahrzehnten der Schwerpunkt des organisatorischen Interesses oftmals auf Fragen der Aufbauorganisation bzw. auf Fragen des „richtigen" Stellenzuschnitts lag, rücken seit geraumer Zeit Fragen der Prozessorganisation zunehmend in den Mittelpunkt der Betrachtung der betriebswirtschaftlichen Organisationslehre.

Für diese Entwicklung lassen sich verschiedene Gründe aufführen, die im Folgenden beispielhaft allgemein aufgeführt sind, die aber im Grundsatz auch für die Sozialwirtschaft und -verwaltung Gültigkeit besitzen.[57]

- Angesichts der Individualisierung des Klienten- bzw. Kundenbedarfs ist eine reine Standardprodukterstellung zu starr. Man muss über flexiblere Lösungen nachdenken, wie sie etwas auch das „persönliche Budget" erfordern.

- Kürzere Produktlebenszyklen erfordern immer drängender die Minimierung von Durchlaufzeiten. Schnittstellenprobleme verzögern den Durchlauf.

- Der Anteil der Kosten für Verwaltungstätigkeiten, auch „overhead", ist in den letzten Jahren ständig gestiegen. Hier ist Rationalisierungsbedarf in den Abläufen erkennbar.

- Bei gut ausgebildeten Mitarbeitern macht es immer weniger Sinn, durch hochgradige Spezialisierung nur einen Bruchteil des Potenzials auszunutzen.

- Die Ansprüche der Arbeitnehmer an die Ausgestaltung der Erwerbsarbeit steigen. Selbstbestimmung, sozialer Kontakt und eine abwechslungsreiche Tätigkeit werden zu wichtigen Motivationsfaktoren.

- Die Fortschritte in der IuK-Technologie eröffnen ganz neue Handlungsspielräume; auch in der Sozialen Arbeit.

Mit der gestiegenen Bedeutung der Ablauforganisation ist zugleich auch ein Wandel im Verständnis verbunden, welcher sich in dem neuen Begriff der Prozessorganisation manifestiert.

---

[57] Vgl. nach Bea/Göbel (2002, 313)

6.2 Grundlagen des Denkens in Prozessen

Wenn in modernen Ansätzen der Ablauforganisation zunehmend von Prozess-Organisation die Rede ist, empfiehlt es sich den Begriff des Prozesses einmal genauer zu beleuchten.

Allgemein beschreiben Prozesse eine Gruppe von verwandten Aufgaben, Tätigkeiten (Verrichtungen), die zusammen für den Kunden/Klienten ein Ergebnis von Wert ergeben.[58]

Ein Prozess umfasst Verrichtungen, durch die Ressourcen / Einsatzgüter / Inputinformationen in Ausbringungsgüter bzw. Outputinformationen transformiert werden.[59] Am Anfang und Ende von Prozessen stehen damit Ereignisse.

Das Outputereignis kann z.B. eine Beratung und das Inputereignis kann z.B. ein Antrag oder eine Anfrage darstellen.

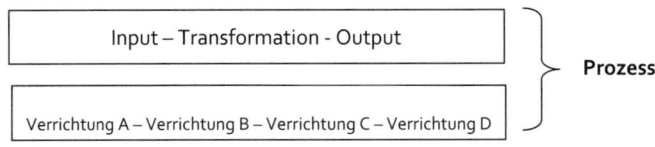

Abb. 70: Prozess – Verständnis

(Quelle: Eigene)

Nimmt man als Beispiel ein Schülerkurs zur Suchtprävention, dann wird der primäre Prozess durch den Input angestoßen, dass die Anmeldung/Anfrage einer Schule eingeht, sodann Präventionsmaßnahmen stattfinden und schließlich als Output z.B. die Bestätigung zur Teilnahme an den Kurs steht.

Es liegt auf der Hand, der die gesamten Abläufe in der Suchtprävention damit nur unzureichend beschrieben sind. Mehrere andere, teils verkettete Prozesse spielen sich ab, die den Kunden/die Schule zum Teil nur indirekt betreffen, die aber insgesamt dem Ziel der Suchtberatungsstelle dienen, in diesem Fall vorbeugende oder akute Hilfen in Suchtfragen anzubieten.

In diesem Sinne kann der Prozessbegriff näher spezifiziert und in einen größeren Bezugsrahmen gestellt werden.

---

[58] Hammer (1997)
[59] Bea/Göbel (2002, 315)

Anhand von vier Bezugspunkten lässt sich der Prozessbegriff näher charakterisieren:[60]

- Ein Prozess enthält Tätigkeiten zur Umwandlung von Einsatzgütern/Inputinformationen in Ausbringungsgüter/ Outputinformationen (Transformationsaspekt).

- Umfangreichere Prozesse (Hauptprozesse) lassen sich in mehrere miteinander verbundene Teilprozesse zerlegen (Verkettungsaspekt).

- Die Prozesse dienen der Verwirklichung unternehmerischer Ziele (Zielaspekt).

- Prozesse werden von Personen durchgeführt, kontrolliert und verantwortet (Personalaspekt).

Die Prozessorganisation befasst sich mit der räumlichen-zeitlichen Strukturierung von (Geschäfts-) Prozessen. Der Begriff des Prozessmanagement bezeichnet entsprechend sämtliche Maßnahmen der Planung, Organisation, Umsetzung und Kontrolle („Managementzyklus"), die darauf gerichtet sind, Verwaltungsprozesse zielbezogen zu gestalten und zu steuern. Ein derart verstandenes Prozessmanagement setzt voraus, dass die betroffenen Prozesse zuvor gründlich analysiert worden sind.

Die nachstehenden Abbildungen illustrieren den Unterschied zwischen der herkömmlichen, „klassischen" Betrachtung von Vorgängen in Organisationen und einer prozessorientierten Sichtweise

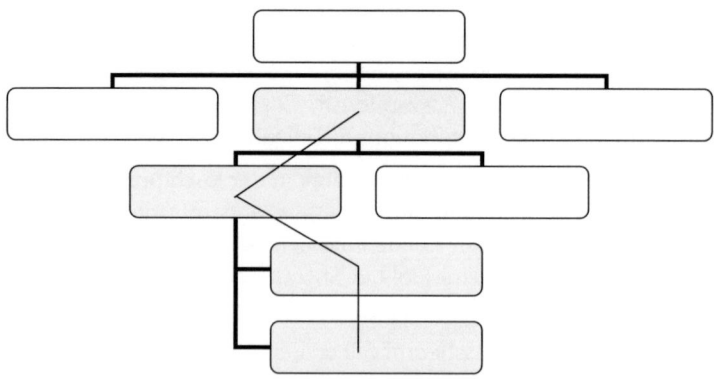

Abb. 71: Herkömmliche, funktionsorientierte Sicht

(Quelle: Eigene)

---

[60] Bea/Göbel (2002, 315) und die dort angegebene Literatur.

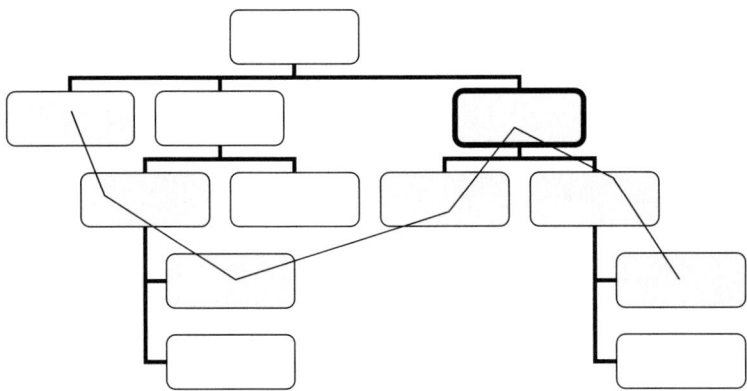

Abb. 72:   Prozessorientierte Sicht

(Quelle: Eigene)

In jedem Prozess lassen sich drei personale Rollen identifizieren, die für die erfolgreiche Erledigung eines Prozesses zu belegen bzw. wahrzunehmen sind.

- *Prozesseigner* lassen sich in regelmäßigen Abständen über das Prozessgeschehen Bericht erstatten und greifen dann steuernd ein, sobald sich Wirtschaftlichkeits- oder andere Defizite abzeichnen.

  Ihnen obliegt somit die strategische Gesamtsteuerung. Um diese Aufgaben wahrnehmen zu können, sind sie gegenüber den Prozessverantwortlichen weisungsberechtigt. *Beispiel*: Amtsleitung.

- *Prozessverantwortliche* sind dafür zuständig, dass alle zum Prozess gehörigen Komponenten und Personen in möglichst optimaler Weise zusammenwirken und eine kontinuierliche Verbesserung des Prozesses stattfindet. Für die Praxis ist zu empfehlen, dass die Prozessverantwortlichen gegenüber den Prozessbeteiligten weisungsberechtigt sind. *Beispiel*: Sachgebietsleitung.

- *Prozessbeteiligte* sind alle Beschäftigten, die mit Verrichtungen direkt am jeweiligen Prozess mitwirken.

6.3   Arten von Prozessen

Innerhalb von Organisationen vollziehen sich eine Reihe von Abläufen/Prozessen, die sich zum einen im Hinblick auf ihre Komplexität, zum anderen auch hinsichtlich ihres Bezugs zum eigentlichen Organisationszweck unterscheiden lassen:

Primäre Prozesse, so genannte Kernprozesse, sind dadurch gekennzeichnet, dass sie von hervorstechender, i.d.R. direkter Bedeutung für den Kunden/Bürger/Leistungsempfänger sind.

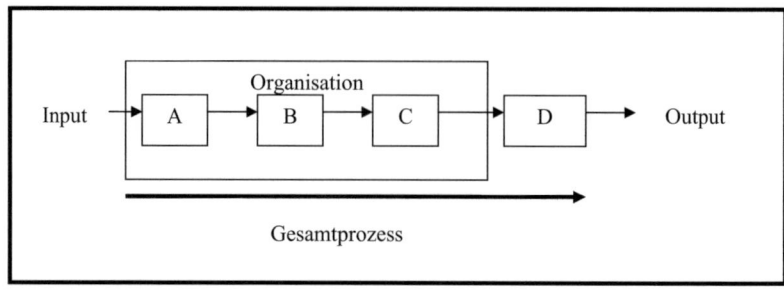

Abb. 73: *Prozess mit internen und externen Teilaktivitäten*

(Quelle: Eigene)

Der Prozess A-B-C-D könnte im einfachsten Fall zum Beispiel die Schritte Antragsannahme A, Feststellung rechtlicher Voraussetzungen B, Durchführung konkreter Sozialer Arbeit C und Berichtserstellung und Postausgang D beinhalten.

Durch die Abbildung wird ersichtlich, dass prozessbezogene Abläufe durchaus auch über die Grenzen von Organisationseinheiten verlaufen können. So könnte der Postausgang/Frankierung D z.B. aus Kostengründen auch durch ein beauftragtes Dienstleistungsunternehmen erfolgen.

Sekundäre bzw. auch unterstützende Prozesse lassen sich hingegen dadurch charakterisieren, dass sie die Kernprozesse unterstützen und dazu beitragen, dass diese ihre Leistung erbringen können.

Sekundäre Prozesse stellen z.B. alle Aufgaben der internen Verwaltung dar, wie typische Personalaufgaben (etwa Personalbereitstellung) oder auch andere Bereitstellung von Ressourcen (Sachmittel, Geld etc.) oder etwa in einer stationären Jugendhilfeeinrichtung der Bereich Hauswirtschaft oder Küche . Im Vergleich zu den Kernprozessen sind sekundäre Prozesse vom Kunden weiter entfernt, in vielen Fällen hat der Kunde keinen Kontakt zu Vorgängen, die sich innerhalb von Sekundärprozessen vollziehen.

Sekundäre Prozesse erbringen für sich genommen keinerlei Wertschöpfung, bzw. um diese Betrachtung auf die Sozialwirtschaft und öffentliche Verwaltung zu übertragen, sie erbringen beim Kunden/Bürger keinen *unmittelbaren* Nutzen.

Gleichzeitig könnten die primären Prozesse ohne die Unterstützung der sekundären Prozesse nicht reibungslos vonstatten gehen.

Gerade aufgrund ihrer relativen „Kundenferne" liegt es bei sekundären Prozessen oft nahe, dass diese auch von Stellen oder Einrichtungen/Unternehmen von außerhalb der eigenen Organisation erbracht werden können. So mag es z.b. durchaus praktikabel sein, etwa Reinigungsarbeiten oder auch den internen EDV-Service durch privat beauftragte Unternehmen erbringen zu lassen. Auch vielleicht auf den ersten Blick sensiblere Bereiche, wie z.B. die Personalauswahl kann durchaus mit Qualitätsgewinnen ggf. externen Partnern übertragen werden.

Neben der elementaren Differenzierung nach primären und sekundären Prozessen können Prozesse auch nach *weiteren Kriterien* unterschieden werden, wie die nachstehende Aufzählung exemplarisch verdeutlicht:[61]

- Führungsprozesse gehören nicht zur unmittelbaren Aufgabenerledigung, sondern geben strategische Zielsetzungen vor und setzen Rahmenbedingungen, die sich auf die übrigen Prozessarten auswirken. Hierzu gehören u. a. Planung, Steuerung, und Qualitätskontrolle.

- Ein Ausführungsprozess (auch: operativer Prozess) ist ein Prozess, der beginnend von einem auslösenden Ereignis zu einem (End-)Produkt führt, das an einen externen Kunden geliefert werden kann.

- Ein Kernprozess ist ein Ausführungsprozess, der einen wesentlichen Teil der Leistung einer Behörde oder eines Unternehmens erbringt und/oder einen wesentlichen Teil der Ressourcen des betrachteten Systems verbraucht.

- Im Zusammenhang mit Kernprozessen wird auch häufig davon gesprochen, dass die Kernprozesse gleichzeitig die Kernkompetenzen der Institution widerspiegeln, und damit von strategischer Bedeutung für diese sind.

- Ein Unterstützungs- oder Serviceprozess hingegen ist ein Prozess, der eine Unterstützungsleistung für einen Ausführungsprozess erbringt. Kunden des Unterstützungsprozesses sind innerhalb der Organisation zu finden.

6.4 Bewertung und Beurteilung von Prozessen

Eine zentrale Aufgabe des Organisators besteht darin, gegebene Erscheinungen von *Organisation* im Hinblick auf ihre Effizienz und Funktionalität zu optimieren. Überträgt man dieses Ansinnen auf das Prozessmanagement, dann gilt es zunächst einmal Kriterien zu identifizieren, anhand derer Prozesse beurteilt bzw. bewertet werden können.

---

[61] BMI (2007) leicht verändert.

Häufig wird dabei auf folgende Merkmale der Optimierung abgestellt:

- Zeitbedarf

- Qualität

- Kosten

Der Zeitbedarf bezeichnet im vorliegenden Sinne die so genannte Durchlaufzeit, also die Zeit, die vom Anstoß des Prozesses (z.B. Anmeldeeingang) Punkt A bis zum Ende des Prozesses (z.B. Fertigstellung des Antwortschreibens) Punkt B vergeht.

Beispiel:

- Der Prozess „Anmeldung bei einem Kindergarten eines privaten freien Trägers"

  Die Anmeldung der Eltern stößt den Prozess an.

  Es folgt eine Bearbeitungszeit (Eingangsbestätigung, Vor-Prüfung etc.) von 1,5 Stunden. Einen Tag später wird eine Akte zur zentralen Verwaltung des Trägers gesandt. Dieser Transport auf dem internen Postweg nimmt einen weiteren Tag in Anspruch (Transportzeit).

  In der Verwaltung kann der zuständige Sachbearbeiter wegen vorrangiger anderer Vorgänge erst nach zwei Tagen die Akte bearbeiten (Liegezeit). Die Sachbearbeitung in der Verwaltung des Trägers beträgt, nachdem die entsprechenden Pläne herausgesucht worden (Rüstzeit) sind, eine Stunde.

  Nach Abschluss der Bearbeitung wird der Vorgang, der nun elektronisch erfasst ist, als Datei schließlich zur Controllingstelle weitergeleitet (Transportzeit von Null).

  Nach einem weiteren Tag, an dem noch auf ein internes Schreiben zur Kapazitätsplanung gewartet wird (Liegezeit), erfolgt wieder einen Tag später der Versandt der Mitteilung an die Eltern. Der Prozess ist damit beendet.

Die Durchlaufzeit setzt sich folglich auf der einen Seite zusammen aus der Bearbeitungszeit, die wiederum aus Nutzungs- und Rüstzeiten besteht. Auf der anderen Seite beinhaltet die Durchlaufzeit auch Übergangszeiten, die sich aus Transfer-/Transportzeiten und Liegezeiten zusammensetzt.

Im Rahmen der Prozessorganisation gilt es die Durchlaufzeit zu minimieren, ohne dass signifikante Verschlechterungen der beiden anderen Merkmale Qualität und Kosten eintreten.

Das Kriterium der Qualität bezeichnet allgemein eine Übereinstimmung von produktbezogenen Erwartungen des Kunden und tatsächlich vorhandenen Eigenschaften des Produktes bzw. der Dienstleistung.

Auf das Thema Qualität wird unten noch einmal eingegangen werden. Im Zusammenhang mit der Prozessorganisation beschreibt die Prozess-Qualität i.d.R. eine fehlerfreie Leistung. In diesem Sinne ist es u.a. eine Aufgabe des Organisators dafür zu sorgen, dass mögliche Fehlerquellen eliminiert werden und Fehlerrisiken damit zurückgehen. Dafür bieten sich eine Reihe von Ansatzpunkten an, wie z.B.

✓ Einsatz gut/hoch qualifizierter Mitarbeiter

✓ Wenig Prozessbeteiligte und damit wenig Schnittstellen zwischen den Vorgängen

✓ Transparente Verfahrensschritte

✓ etc.

Das Kriterium der Kosten bzw. genauer der Prozesskosten bezeichnet sämtliche dem Prozess zurechenbaren Kosten. Sie setzen sich entsprechend zusammen aus den Kosten, die zur Durchführung der einzelnen Prozess-Schritte anfallen. Sie beinhalten Bearbeitungskosten (z.B. anteilige Personalkosten), Transportkosten, Rüstkosten (z.B. auch hier anteilige Personalkosten), Liege-/Lagerkosten und insbesondere Fehlerkosten.

Es liegt auf der Hand, dass für die Sozialwirtschaft und Sozialverwaltung nicht alle Kostenquellen in gleichem Maße relevant sind. Regelmäßig sind es (anteilige) Personalkosten, die den größten Teil an den Gesamtprozesskosten ausmachen.

Betrachtet man die Merkmale für die Optimierung von Prozessen, so wird schnell deutlich, dass diese zum Teil in Konkurrenz zu einander stehen. Wird zum Beispiel durch den Einsatz von gut qualifizierten Mitarbeitern das Merkmal der Qualität in den Vordergrund gestellt, geht dieses regelmäßig zu Lasten des Merkmals der (Personal-) Kosten für Entgelt oder Weiterbildung.

6.5 Ausgewählte Techniken der Organisationslehre

6.5.1 Techniken der Erhebung

Wer Organisationen und deren Abläufe verstehen und optimieren will, benötigt Kenntnisse, Informationen, Daten über die organisationsinternen Vorgänge. Um an diese Kenntnisse, Informationen, Daten zu gelangen stellt die Organisationslehre eine Reihe von Möglichkeiten zur Verfügung, die im Folgenden als Techniken der Erhebung vorgestellt werden.

Die nachstehende Übersicht gibt einen Überblick über die hier behandelten Erhebungstechniken.

1. Dokumentenanalyse /-studium	5. Dauerbeobachtung
2. Fragebogen	6. Multimomentaufnahme /-verfahren
3. Interview	7. Selbstaufschreibung /-beobachtung
4. Laufzettelverfahren	

Abb. 74: Erhebungstechniken - Übersicht

(Quelle: Eigene)

6.5.1.1 Dokumentenanalyse /-studium

Im Falle der Dokumentenanalyse werden schriftliche Unterlagen wie Akten, Statistiken, Dienstanweisungen etc., die einen Bezug zum Untersuchungsbereich besitzen, einer systematischen Analyse unterzogen.

Es empfiehlt sich dabei bereits im Vorfeld konkrete Merkmale festzulegen, anhand derer die Dokumente studiert werden. Des Weiteren gilt es die Dokumente anhand der Kriterien Aktualität und Detailgenauigkeit hinsichtlich ihrer Verwertbarkeit zu prüfen.

Bei der Auswertung der Dokumente sollte mindestens auf Folgendes geachtet werden:[62]

- Wann wurde das Dokument erstellt?
- Was sollte mit dem Dokument erreicht werden?
- Welcher Anlass lag der Erstellung des Dokumentes zugrunde?
- Wer ist der Ersteller (ggf. Beteiligte)?
- Wer ist der Empfänger (beabsichtigter und tatsächlicher)?
- Wie verbindlich sind die Dokumente?

Die Dokumentenanalyse wird selten als einzige bzw. hauptsächliche Analysetechnik eingesetzt, sondern eignet sich eher dazu, einen ersten Einblick in das konkrete Organisationsproblem zu gewinnen. Des Weiteren empfiehlt sich die Dokumentenanalyse, um andere Erhebungstechniken zu ergänzen.

Folgende Vor- und Nachteile können für die Dokumentenanalyse exemplarisch zusammengetragen werden:[63]

---

[62] Vgl. Schmidt (2002, 150)
[63] BMI (2007)

Vorteile:

- Die Dokumentenanalyse liefert schnell viele Informationen zum Untersuchungsbereich.

- Die Dokumentenanalyse kann häufig ohne Einbindung und „Störung" des Untersuchungsbereichs erfolgen.

- Der Aufwand für die Vor-Ort-Erhebung wird durch eine vorgeschaltete Dokumentenanalyse gering gehalten.

- Die vorgefundenen Fakten erleichtern die weiteren Erhebungen und ermöglichen gezielte Fragen.

Nachteile:

- Die Dokumente sind oftmals veraltet und geben nicht den aktuellen Sachstand/Zustand wieder.

6.5.1.2 Fragebogen

Ein Fragebogen kann insbesondere dann zum Einsatz gelangen, wenn es gilt von einer Vielzahl von Mitarbeitern Auskunft über einen Sachverhalt zu erhalten. Der Fragebogen wird für eine schriftliche Befragung eingesetzt, um Äußerungen über Sachverhalte, Probleme, Ziel- und Wertvorstellungen von Personen zu erhalten.[64]

Der Fragebogen wird i.d.R. vom Befragten selbst und allein ausgefüllt, so dass erklärende Rückfragen regelmäßig nicht möglich sind.

Entsprechend hoch sind die Anforderungen an die Formulierungsfähigkeit, wenn es gilt Fragen so zu formulieren, dass sie keiner Erklärung bedürfen.

Darüber hinaus ist hinsichtlich der Aussagekraft der Fragebogenerhebung zu empfehlen, dass der Kreis der Befragten möglichst homogen ist und die Anonymität der Befragung gewahrt ist, um mögliche Teilnahmebarrieren zu senken. Letzteres ist insbesondere vor dem Hintergrund bedeutsam, dass der Rücklauf von (anonymisierten) Fragebögen unsicher ist.

Folgende Vor- und Nachteile des Fragebogens lassen sich festhalten:

Vorteile:

- geringer personeller Aufwand bei der Datenerhebung,

- liefert viele Informationen in kurzer Zeit,

- gleichzeitige Befragung vieler Personen,

---

[64] Vgl. Schulte-Zurhausen (2002, 468)

- geringe Belastung für die Befragten,
- liefert erste Informationen für eine grobe Aufgabengliederung.

Nachteile:

- Aufwändige Vorbereitung des Fragebogens erforderlich,
- Manipulationen und Einflussnahmen können nicht ausgeschlossen werden,
- Missverständnisse fallen ggf. erst bei der Auswertung auf und können nicht gleich behoben werden,
- Ggf. hohe Fehlerquote,
- Verweigerung eher möglich als im persönlichen Interview,

6.5.1.3 Die Befragung (schriftlich, mündlich)

Die Datenerhebung mittels Befragung kann grundsätzlich auf zwei Weisen erfolgen: Schriftlich und mündlich.

Im Falle der schriftlichen Befragung wird den Befragten ein Fragekatalog ausgehändigt, mit der Bitte, diesen entsprechend auszufüllen. In der Regel erfolgt diese Form der Datenerhebung in anonymisierter Form, d.h. Die Fragebögen werden versendet, vom Befragten ausgefüllt und wieder – ohne Hinweise auf den Absender – zurückgesandt.

Da in diesem Fall kein Kontakt zwischen Frager und Befragten besteht, gibt es auch keine Möglichkeit für Rückfragen, so dass bei der Formulierung der Fragestellungen eine ganz besondere Sorgfalt notwendig ist.

Des Weiteren sei auf die obigen Ausführungen zum Fragebogen hingewiesen.

Die mündliche Befragung – das Interview – bietet eine Reihe von Variationsmöglichkeiten, wobei aber bei allen Möglichkeiten im Gegensatz zur schriftlichen Befragung, das Merkmal der Anonymität nicht gegeben ist.

Einerseits besteht folglich die Möglichkeit z.B. bei unklaren Fragen etwaige Rückfragen zu stellen, andererseits kann bei brisanten Themen (z.B. zum Führungsverhalten von Vorgesetzten) nicht immer von einer offenen/ehrlichen Beantwortung ausgegangen werden. Erfolgt die Befragung daneben in Gruppen, so können Phänomene wie Gruppendruck, Konformität des Verhaltens etc., den Aussagewert der Befragung zusätzlich belasten.

Des Weiteren lassen sich allgemein folgende Erscheinungsformen der Interview-Technik zu unterscheiden:

- Bei einem standardisierten Interview sind die Fragen, die Reihenfolge der Fragen und ihre konkrete Formulierung exakt vorgegeben. Der Interviewer darf davon nicht abweichen.

- Teil-standardisierte Interviews kennzeichnen sich dadurch, dass nur die Fragen als solche, nicht aber deren Reihenfolge oder genaue Formulierung vorgegeben ist. Der Interviewer kann hier folglich die Befragung der konkreten Situation und Person anpassen. Allerdings besteht damit auch das Problem, dass der Interviewer selbst durch sein Vorgehen, die Befragten beeinflusst und die Ergebnisse nicht mehr mit einander vergleichbar sind.

- Bei nicht-standardisierten Interviews existieren für den Interviewer kaum Vorgaben, mit Ausnahme dass ein bestimmter Fragekomplex inhaltlich behandelt werden soll.

Die allgemeinen Vor- und Nachteile des Interviews stellen sich im Überblick wie folgt dar:

Vorteile	Nachteile
Direkte Beteiligung der Betroffenen	Hohe Ansprüche an die Qualifikation des Interviewers
Möglichkeit des Nachhakens bei Unklarheiten	Relativ hoher Zeitaufwand
Möglichkeit relevante Informationen zu Erfassen, die der Interviewer nicht geplant hatte	Objektivität der Ergebnisse hängt vom guten Willen des Befragten ab

Abb. 75: *Vor- und Nachteile des Interviews*

(Quelle: verändert nach Schulte-Zurhausen 2002, 473)

6.5.1.4 Das Laufzettelverfahren

Beim so genannten Laufzettelverfahren handelt es sich im Grunde um eine Form der Selbstaufschreibung. Das Ziel dieser Technik besteht darin, den Durchlauf eines Arbeitsvorgangs, i.d.R. einer Aktenbearbeitung durch mehrere Stellen, durch die verschiedenen Bearbeitungsschritte in zeitlicher und personeller Hinsicht nachvollziehen zu können.

Formular: Laufzettel							
Arbeitsvorgang/Geschäftsprozess:							
Geschäftszeichen des Vorgangs:							
Erläuterung/Bearbeitungshinweise:							
	Dauer der Tätigkeit				Datum		
Art der Tätigkeit	Leitung/ Referent	SB 1	SB 2	Schreib- dienst	Ein- gang	Bear- beitung	Aus- gang

SCHÄFFER
POESCHEL

Abb. 4.43: Formular für einen Laufzettel

Abb. 76: Laufzettel - Beispiel

(Quelle: entnommen aus Hopp/Göbel 2004, 223)

Der einzelnen Akte wird ein Beleg (der Laufzettel) beigelegt, der von jedem an der Bearbeitung beteiligten Mitarbeiter entsprechend auszufüllen ist.

Auf eine sehr einfache, intuitiv verständliche Gestaltung des Laufzettels ist besonders Wert zu legen, da auch hier regelmäßig keine Rückfragen möglich sind und das Ausfüllen des Laufzettels nicht als nennenswert zusätzlicher Arbeitsaufwand erscheinen darf.

Anhand der Laufzettel wird schließlich erkennbar, welche Stellen, wie lange mit der Akte befasst waren und welche Beziehungen bestehen. Die Ergebnisse dienen somit z.b. auch der Personalbemessung und der Feststellung der mittleren Bearbeitungszeiten (mBZ).

Folgende Vor- und Nachteile des Laufzettelverfahrens sind festzustellen:[65]

Vorteile:

- Der Laufzettel erfasst nur tatsächlich durchgeführte Tätigkeiten.

- Die ausgewerteten Laufzettel liefern Informationen zum gesamten Geschäftsprozess.

---

[65] Vgl. BMI (2007)

142

Nachteile:

- Die Erhebung belastet alle Aufgabenträger des Untersuchungsbereichs während der gesamten Erhebungsdauer.

- Ergebnisorientierte Datenmanipulationen bei der Erhebung können nicht ausgeschlossen werden.

- Da das Laufzettelverfahren zwangsläufig papiergebunden ist, entsteht erheblicher Aufwand bei der Datenerfassung.

- Aussagen zu Verteilzeiten und zur Auslastung des Untersuchungsbereichs sind über das Laufzettelverfahren nicht möglich. Hierfür sind zusätzliche, arbeitsplatzbezogene Erhebungen erforderlich.

6.5.1.5 Die Dauerbeobachtung

Bei der Dauerbeobachtung beobachtet der Organisator einen (seltener: mehrere) Mitarbeiter unmittelbar während seiner täglichen Arbeit.

Die Dauerbeobachtung verläuft über einen längeren Zeitraum und erstreckt sich auf alle Ereignisse, die der Organisator durch Beobachtung erfassen kann (z.B. Tätigkeiten, Umgebungseinflüsse, Störungen etc.). Vorgänge, die sich nicht *direkt* beobachten lassen, wie z.B. bloßes Nachdenken, liegen damit außerhalb dessen, was durch den Organisator erfasst werden kann – Meinungen oder Mutmaßungen darüber, was der Mitarbeiter vermutlich gerade tut, sollen nicht berücksichtigt werden.

Als Hauptvorteil dieser Technik lässt sich festhalten, dass ein vergleichsweise vollständiges Bild über den Arbeitsplatz gewonnen werden kann.

Als nachteilig ist der hohe Zeitaufwand und die geringe Relation von Organisator und Beobachtungsobjekt (1:1) anzusehen.

Daneben ist auch auf die möglicher Weise psychisch-emotional belastende Situation für den beobachteten Mitarbeiter hinzuweisen, der sich zudem vermutlich in seinem Verhalten der Tatsache, dass eine Beobachtung stattfindet, anpassen wird.

6.5.1.6 Die Multimomentaufnahme

Bei der Multimomentaufnahme (syn. Multimomentverfahren oder -studie) handelt es sich um eine Stichprobenerhebung.

Während im Falle der oben beschriebenen Dauerbeobachtung gewissermaßen „alle Momente" erfasst werden, ist die Beobachtung bei der Multimomentaufnahme auf viele („multi") Momente begrenzt.

Praktisch vollzieht sich das Verfahren derart, dass der Organisator hintereinander mehrere Arbeitsstellen aufsucht und feststellt bzw. notiert, welche Tätigkeiten während des Besuches gerade durchgeführt werden. Im Anschluss widmet er sich der nächsten Arbeitsstelle und so weiter.

Die nachstehende Abbildung illustriert dieses Vorgehen.

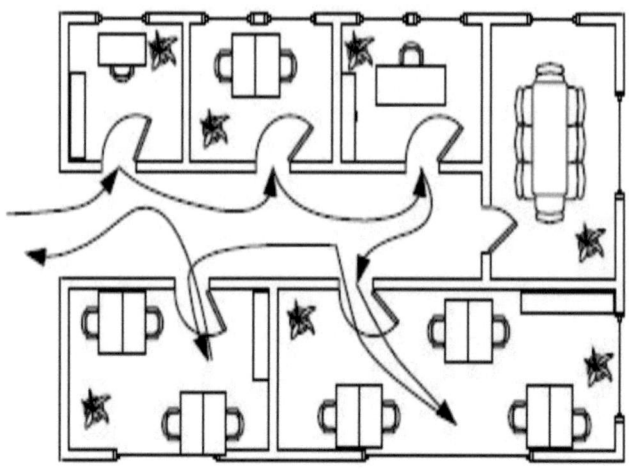

Abb. 77:   Rundgangskizze – Multimomentaufnahme

(Quelle: BMI 2007)

Wie jede Stichprobe trägt auch die Multimomentaufnahme ein gewisses Maß an Ungenauigkeit bzw. eine statistische Fehlerwahrscheinlichkeit mit sich.

Es liegt auf der Hand, dass mit steigender Anzahl der vorgenommenen Beobachtungen die Ungenauigkeiten bzw. Fehler abnehmen, da sich die Multimomentaufnahme hier mehr und mehr der Dauerbeobachtung annähert.

Für eine Organisationsuntersuchung wird im Regelfall eine statistische Sicherheit von rund 95 % als ausreichend anzusehen sein.

Folgende Vor- und Nachteile lassen sich für die Multimomentaufnahme exemplarisch auflisten:

Vorteile	Nachteile
Die Multimomentaufnahme als Stichprobenverfahren verursacht einen geringeren Aufwand als eine Vollerhebung	Die Qualität der beobachteten Arbeit wird nicht berücksichtigt
Die Beobachtung selbst kann nach Einweisung durch Aushilfskräfte vorgenommen werden	Die Beschäftigten können bewusst oder unbewusst ihr Verhalten ändern, um die Multimomentaufnahme zu manipulieren.
Die betroffenen Beschäftigten werden durch die Multimomentaufnahme geringfügig bei der Aufgabenerledigung gestört	

Abb. 78: Vor- und Nachteile – Multimomentaufnahme

(Quelle: BMI 2007)

6.5.1.7 Die Selbstaufschreibung

Bei der Selbstaufschreibung (syn. Selbstbeobachtung) erfolgt die Erfassung der durchgeführten Tätigkeiten incl. deren Dauer durch den betreffenden Mitarbeiter selbst.

Dafür wird dem Mitarbeiter ein entsprechend gestalteter Vordruck ausgehändigt, auf welchem die Aufzeichnungen der Tätigkeiten unmittelbar nach deren Erledigung erfasst werden. Mittels der Selbstaufschreibung lassen sich Daten zu den Aufgaben der Stelle, den Kommunikationsbeziehungen der Stelle, der Bearbeitungsdauer der Aufgaben sowie auch der Häufigkeit von einzelnen Tätigkeiten bzw. Aufgaben erheben.

| Kennzahl des/r Mitarbeiters/in: | 1 | Erhebungszeitraum: | 01.06. bis 01.07. |
| Tagesdatum: | 01.06.2006 | Seite: | 1 |

Arbeitszeit — Arbeitsbeginn: 07:00 — Arbeitsende: 15:30

Uhrzeit von	bis	Aktenzeichen	Aufgaben-Ziffer gemäß Aufgabengliedg.	Menge	Bemerkungen
07:00	07:10		17		
07:10	08:30		114	20	
08:35	10:30		12	10	
10:40	11:00		141	5	
11:00	11:30		143	5	
11:30	12:00		145	5	
12:30	13:40		114	15	
13:40	14:00		17		
14:00	14:30		131	10	
14:30	15:00		132	10	
15:05	15:15		161	10	
15:15	15:25		162	10	
15:25	15:30		17		

Abb. 79: Beispiel Erhebungsbogen zur Selbstaufschreibung
(Quelle: BMI 2007)

Folgende Vor- und Nachteile weist die Selbstaufschreibung auf:

Vorteile	Nachteile
Weitgehende Anwendbarkeit.	Die Verschriftlichung nimmt viel Zeit in Anspruch
Die Technik ist auf sehr viele Arten von Arbeitsplätzen anwendbar.	Die manuelle Auswertung ist (zeit-) aufwendig.
Der Anzahl der teilnehmenden Mitarbeiter ist keine Grenze gesetzt	Möglichkeit der (ggf. auch ungewollten) Manipulation durch den Mitarbeiter.

Abb. 80: Vor- und Nachteile der Selbstaufschreibung
(Quelle: Eigene)

6.5.2 Techniken der Darstellung

Ähnlich wie im Abschnitt zur Datenerhebung, so bedient sich die Organisationslehre auch verschiedener Techniken, die der Veranschaulichung bzw. Darstellung von relevanten Inhalten dienen.

Die nachstehende Übersicht stellt ausgewählte Darstellungstechniken vor, die im Folgenden besprochen werden:

1) Balkendiagramm
2) Arbeitsablaufdarstellung
3) Block- bzw. Flussdiagramm
4) Netzplantechnik

6.5.2.1 Balkendiagramm Techniken

Das Balkendiagramm stellt i.e.S. eine Technik des Projektmanagements dar. Es ermöglicht die komprimierte Darstellung von längeren Aufgabenkomplexen, in dem es zeitliche und inhaltliche Bezüge grob darstellt.

a) Die Gantt-Technik

Die einfachste Form des Balkendiagramms stellt die nach ihrem Erfinder Henry L. Gantt benannte Gantt-Technik dar.

Im Kern läuft diese Technik darauf hinaus, dass Termine aus einer anzufertigenden Terminliste abgebildet werden.

Dabei werden die Aufgaben/Aktivitäten in ihrer zeitlichen Abfolge an vertikalen Achse eines Koordinatensystems erfasst und die zeitliche Abfolge (i.d.R. in Wochen oder Monaten) auf der horizontalen Achse. Die nachfolgende Abbildung zeigt ein entsprechendes Balkendiagramm in seiner traditionellen Grundform.

Für die praktische Arbeit steht heute für die Konstruktion von Balkendiagrammen eine Reihe von EDV-Anwendungen zur Verfügung.

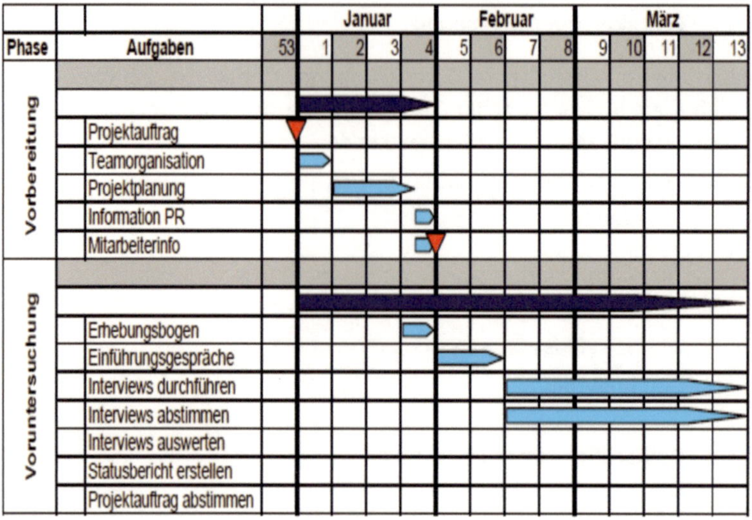

Phase	Aufgaben	53	Januar				Februar				März				
			1	2	3	4	5	6	7	8	9	10	11	12	13
Vorbereitung	Projektauftrag														
	Teamorganisation														
	Projektplanung														
	Information PR														
	Mitarbeiterinfo														
Voruntersuchung	Erhebungsbogen														
	Einführungsgespräche														
	Interviews durchführen														
	Interviews abstimmen														
	Interviews auswerten														
	Statusbericht erstellen														
	Projektauftrag abstimmen														

Abb. 81:   Ausschnitt aus Balkendiagramm

(Quelle: BMI 2007)

Um den Aussagewert der Darstellung zu erhöhen, besteht z.B. die Möglichkeit die Balken durch farbliche Unterscheidung oder unterschiedliche Musterung zu kennzeichnen.

So könnte diese Musterung z.B. den zuständigen Bearbeiter kennzeichnen.

Vorteile	Nachteile
Einfache Handhabe	Folgen von Verzögerungen bleiben unberücksichtigt
Darstellung von Tätigkeit und ihrer Dauer	(Zeit-) kritischen Tätigkeiten bleiben unbekannt
Für Dritte leicht lesbar	Vorgänge sind nur grob dargestellt

Abb. 82:   Vor- und Nachteile Balkendiagramm

(Quelle: Eigene)

b) PLANNET-Technik

Die PLANNET-Technik[66] stellt eine Erweiterung des einfachen Balkendiagramms (Gantt-Technik) dar.

Die Weiterentwicklung besteht im Wesentlichen darin, dass Interdependenzen der einzelnen Tätigkeiten zumindest im Groben mit dargestellt werden können und somit auch so genannte „Pufferzeiten" ausgewiesen werden.

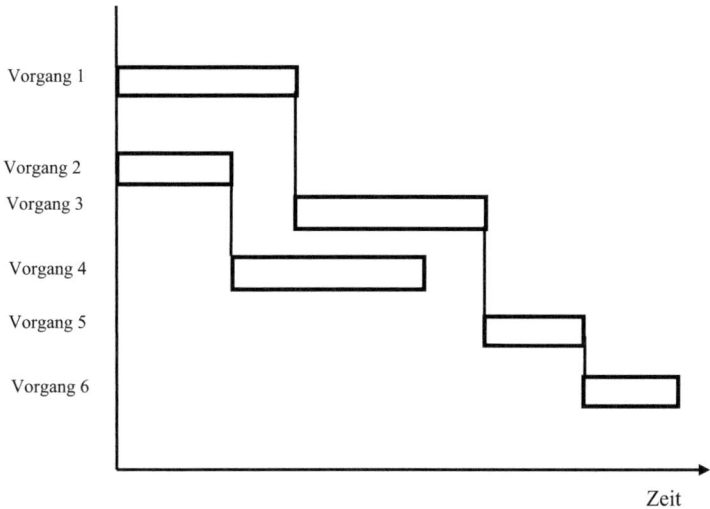

Abb. 83: PLANNET-Technik

(Quelle: Eigene)

Eine „Pufferzeit" bezeichnet die Zeit, die sich ein Vorgang/eine Tätigkeit verzögern kann, ohne dass dieses sich auf andere Vorgänge und damit die Gesamtdauer auswirkt.

In der obigen Abbildung wird z.B. deutlich, dass zwischen Vorgang 2 und 4 sowie 1 und 3 und Vorgang 3 und 5 eine Verbindung in der Form besteht, dass z.B. Vorgang 4 erst beginnen kann, wenn Vorgang 2 abgeschlossen ist (die anderen jeweils analog).

Des Weiteren wird deutlich, dass bei Vorgang 4 eine Pufferzeit von x Zeiteinheiten beseht, da der nachfolgende Vorgang 5 erst dann beginnen kann, wenn Vorgang 3 beendet ist.

---

[66] PLANNET steht für PLAN-ning NET-working.

6.5.2.2 Arbeitsablaufdarstellung

Die Arbeitsablaufdarstellung eignet sich – wie der Name schon andeutet – zur Darstellung von komplexen Prozessen, also Abfolgen von Tätigkeiten. In der Grundversion wird eine tabellenartige Übersicht erstellt.

In der ersten Spalte wird die Reihenfolge der auszuführenden Tätigkeiten erfasst, in der ersten Zeile (Kopfzeile) können z.B. die Bereiche/Abteilungen aufgeführt werden, die in den Arbeitsprozess involviert sind (Abbildung 84).

Je nach Bedarf kann diese einfache Darstellung erweitert und den organisationsinternen Erfordernissen angepasst werden. Verbreitet ist beispielsweise diese Grundversion um Angaben zur zeitlichen Dauer der einzelnen Vorgänge zu erweitern.

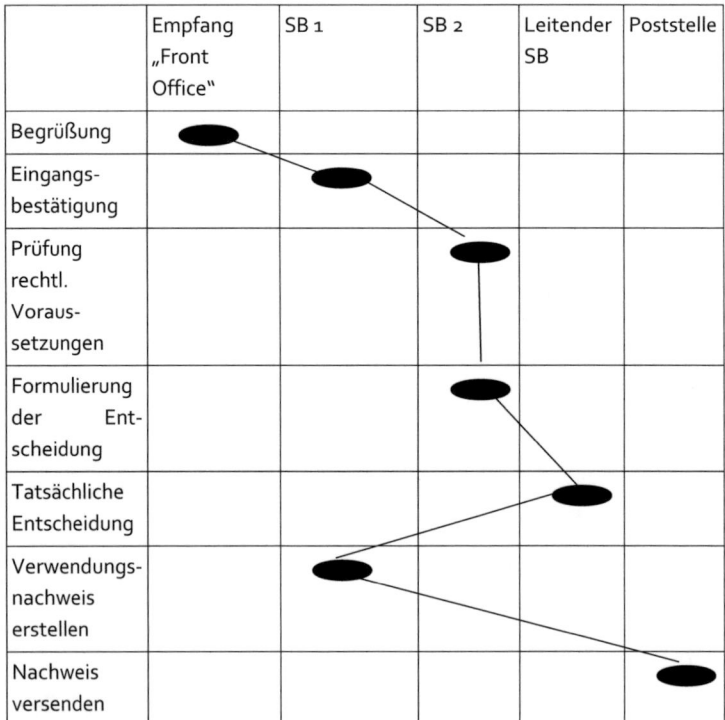

	Empfang „Front Office"	SB 1	SB 2	Leitender SB	Poststelle
Begrüßung	●				
Eingangs-bestätigung		●			
Prüfung rechtl. Voraus-setzungen			●		
Formulierung der Ent-scheidung			●		
Tatsächliche Entscheidung				●	
Verwendungs-nachweis erstellen		●			
Nachweis versenden					●

Abb. 84: Arbeitsablaufdarstellung

(Quelle: Eigene)

Folgende Vor- und Nachteile lassen sich für die Arbeitsablaufdarstellung zusammenstellen:

Vorteile:

- Leicht lesbar
- Erweiterungen problemlos möglich
- Transparenter Überblick über den Gesamtablauf und aller beteiligten Stellen

Nachteile:

- Verzweigte Abläufe sind nur schwer darstellbar
- Logische Abhängigkeiten sind nicht darstellbar

In der kommunalen Sozialverwaltung wird zum Teil z.B. auf ein Formblatt der KGST zurückgegriffen, das die Art der Tätigkeiten durch vereinheitlichte Symbole vorgibt (Abbild. 85).

Arbeitsablaufdarstellung nach Tätigkeitsarten   (Vordruck)

Arbeitsablaufdarstellung

Amt	AbL	Sachgebiet	Ist-Stand ☐	Soll-Stand ☐	Bearbeiter (Wer tut es?)
			Aufgestellt am	durch	

Arbeitsvorgang:

Tätigkeitsstufe Nr.	Bearbeitung	Weiterleitung	Prüfung	Aufenthalt	Ablage	Weg in m	Zeit in Min.	Verdruck	Beschreibung der einzelnen Tätigkeitsstufen (Was wird getan?)		
1	2	3	4	5	6	7	8	9	10	11	

KGSt Vordruck 4

KGSt-Handbuch Organisationsmanagement

Abb. 85: KGST Vordruck Arbeitsablaufdarstellung

(Quelle: KGST)

152

6.5.2.3 Block- bzw. Flussdiagramm-Technik

Mithilfe des Block- oder syn. Flussdiagramms werden ebenfalls Abläufe dargestellt. Die Darstellung erfolgt in diesem Fall anhand von spezifischen Symbolen, von denen die geläufigsten unten aufgeführt sind.

Grundsymbole der Flussdiagramm-Technik

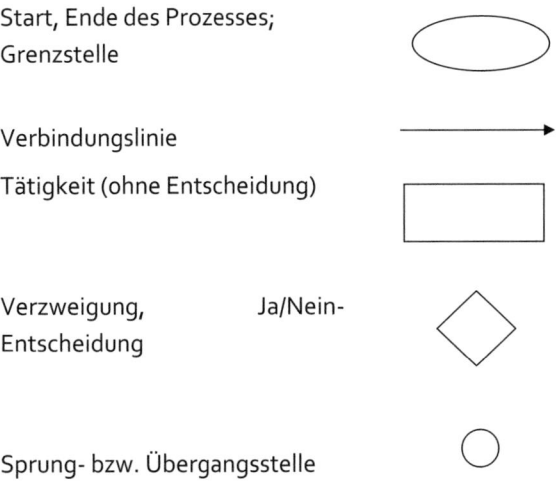

Start, Ende des Prozesses;
Grenzstelle

Verbindungslinie

Tätigkeit (ohne Entscheidung)

Verzweigung,   Ja/Nein-
Entscheidung

Sprung- bzw. Übergangsstelle

Abb. 86: Grundsymbole der Flussdiagramm-Technik

(Quelle: Eigene)

Die folgende Abbildung illustriert die Anwendung der Flussdiagramm-Technik anhand eines bewusst einfach gehaltenen *Beispiels*.

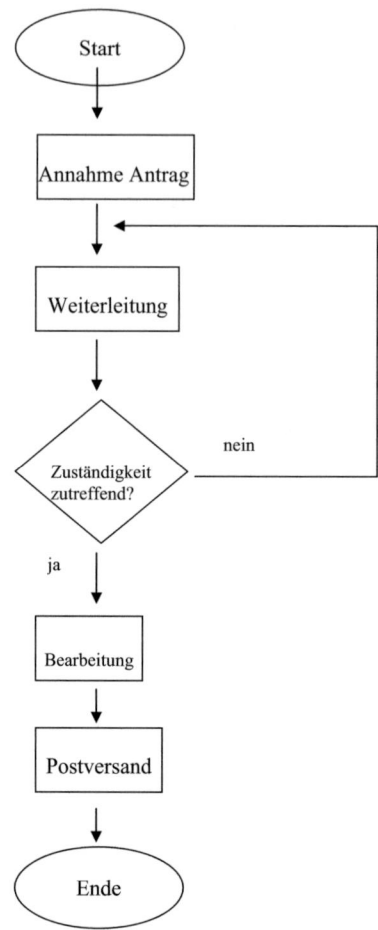

Abb. 87:   Fluss- bzw. Blockdiagramm, Beispiel

(Quelle: Eigene)

Die Flussdiagramm-Technik eignet sich insbesondere dann zur Darstellung von Abläufen, wenn innerhalb der Abläufe Rückkopplungen bestehen und/oder Wiederholungen von Tätigkeiten auftreten. Auch neue, bislang nicht oder wenig praktizierte Abläufe lassen sich mittels eines Flussdiagramms i.d.R. gut nachvollziehbar abbilden.

In der Sozialwirtschaft und öffentlicher Verwaltung liegen derartige Rückkopplungen beispielsweise immer dann vor, wenn z.B. seitens der Klienten/Bürger Anfragen, Anträge u.ä. eingereicht werden, diese geprüft werden und festgestellt wird, dass diese Anfragen oder Anträge noch ergänzt werden müssen, so dass Klienten oder Bürger sie abermals einreicht und eine erneute Bearbeitung erfolgt.

Vorteilig an der Flussdiagrammtechnik ist insbesondere, dass die Darstellung logischer Beziehungen einzelner Arbeitsabläufe möglich ist.

Von Nachteil ist hingegen, dass komplexere, größere bzw. längere Vorgänge bzw. Tätigkeiten schnell zur Unübersichtlichkeit in der Darstellung führen.

Die Flussdiagramm-Technik stößt insbesondere dort an ihre Grenzen, wo die Vorgänge sehr komplex werden und das Diagramm damit seine Übersichtlichkeit verliert. Nicht zuletzt begrenzt auch der bei komplexeren Vorgängen recht hohe Platzbedarf die Praktikabilität dieser Technik.

6.5.2.4 Netzplantechnik

Die Netzplantechnik[67] ist ein Verfahren zur Planung, Steuerung und Überwachung von Abläufen insbesondere von aufwendigeren Projekten.

Für ein systematisches Vorgehen empfiehlt sich das folgende stufenweise Verfahren:

(1) Erfassung sämtliche Vorgänge (Vorgangsliste)

(2) Festlegung des Zeitbedarfs für einzelne Vorgänge

(3) Festlegung der Interdependenzen der Vorgänge

(4) Erstellung eines Strukturplanes

(5) Erstellung des Netzplanes.

Das Gesamtprojekt ist zunächst in die zu seiner Durchführung erforderlichen Vorgänge (Arbeitsschritte) zu zerlegen.

Es wird also gefragt, welche Vorgänge zur Erfüllung eines Gesamtprojekts anfallen. Die Vorgänge werden in einer Vorgangsliste zusammengestellt.

Die folgende Darstellung gibt ein *Beispiel* für eine Vorgangsliste, die in der zweiten Spalte alle Vorgänge, in der vierten Spalte die Dauer des jeweiligen Vorgangs ausweist und in der dritten Spalte die Beziehungen bezeichnet, die unter den einzelnen Vorgängen bestehen.[68]

Das bedeutet, dass etwa Vorgang C als Nr. 3 erst beginnen kann, wenn Vorgang A erledigt ist und dass Vorgang C drei Tage Zeit beansprucht.

---

[67] Die Organisationslehre kennt mehrere verschiedene Verfahren der Netzplantechnik, so dass im eigentlichen Sinne nicht die Rede sein kann von „der" Netzplantechnik.

[68] Entnommen aus Siepmann/Siepmann (2004, 203f.)

Nr.	Vorgang	Beendet sein muss Vorgang	Zeitdauer in Tagen
1	A	--	10
2	B	A	5
3	C	A	3
4	D	C	8
5	E	B; D	4

Mittels der Netzplantechnik sollen alle Vorgänge eines Projekts in ihrem zeitlichen Ablauf unter Berücksichtigung aller zwischen ihnen bestehenden Interdependenzen graphisch dargestellt werden.

So verdeutlich z.B. die Skizze der Grundform, dass Vorgang A als erstes geschieht und das Projekt mit Vorgang E abgeschlossen ist. Vorgang B und Vorgang C passieren zeitgleich und Vorgang E kann erst beginnen, wenn sowohl die Vorgänge A und B als auch die Vorgänge A, C, D abgeschlossen sind.

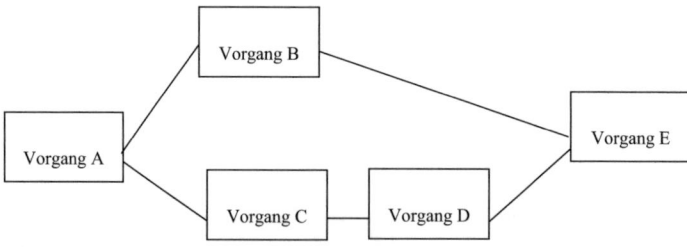

Abb. 88: Strukturplan zur Erstellung eines Netzplanes

(Quelle: Eigene)

Der eigentliche Netzplan wird anschließend z.B. mit Hilfe so genannter Vorgangsknoten aufgestellt.

Nr.		
Bezeichnung des Vorgangs		
FAZ Frühster Anfangszeitpunkt	**D** Dauer des Vorgangs	**FEZ** Frühster Endzeitpunkt
SAZ Spätester Anfangszeitpunkt	**GP** Gesamtpuffer	**SEZ** Spätester Endzeitpunkt

Abb. 89: Beispiel eines Vorgangsknotens

(Quelle: Eigene)

Entwicklung der einzelnen Vorgangsknoten in der Vorwärtsrechnung:

⇒ Um die Gesamtstruktur zu entwickeln, gilt es nun auf dem Wege der so genannten Vorwärtsrechnung festzustellen, wann das gesamte Projekt frühestens beendet sein kann (FEZ).

⇒ Dazu ist zunächst die 3. Zeile des Vorgangsknotens für jeden einzelnen Vorgang zu entwickeln.

⇒ Beginnend mit Vorgang A liegt der Start bei „Null", hinzukommt die Dauer (10) von Vorgang A, so dass sich als Ergebnis für Vorgang A der Wert FEZ = 10 ergibt. Das heißt FAZ + D = FEZ.

⇒ Dieses Verfahren wird für alle Vorgänge wiederholt, bis schließlich im letzten Vorgang E als frühster möglicher Endzeitpunkt des Gesamtprojektes der Wert 25 ausgewiesen wird – d.h. das Projekt kann frühestens nach 25 Tagen beendet sein.

⇒ Außer Vorgang A, weisen die Vorgänge als FAZ immer die FEZ ihres direkten Vorgängers aus.

⇒ Gehen zwei oder mehrere Knoten in einen über, so dass mehrere Vorgänger existieren, wird als FAZ der größte Wert der vorausgegangenen FEZ gewählt. Dies ist z. B. bei Vorgang E notwendig, mit dem als FAZ erst begonnen werden kann, wenn der länger dauernde Vorgang D beendet ist.

⇒ Es entsteht schließlich der letzte Vorgangsknoten, der in FEZ angibt, wann das Projekt frühestens beendet werden kann. Die Vorwärtsrechnung ist damit abgeschlossen.

Es schließt sich die Rückwärtsrechnung an. Diese ist notwendig, um auszuweisen, wie oder ob sich etwaige Verzögerungen auf die Gesamtdauer des Projektes auswirken.

⇒ Denkbar ist, dass im Projekt ausdrücklich angegeben ist, wann das Projekt spätestens beendet sein muss. Dieser Wert ist als SEZ in die vierte Zeile des letzten Vorgangsknotens zu übernehmen.

Ist ein solcher Wert nicht explizit vorgegeben, so kann der FEZ-Wert auch als SEZ übernommen werden, wie dies im Beispiel auch der Fall ist.

⇒ Aus dem spätesten Endzeitpunkt (SEZ) wird der späteste Anfangszeitpunkt (SAZ) ermittelt, indem der SEZ-Wert um die Dauer des Vorgangs gemindert wird. Es gilt also SEZ – D = SAZ

⇒ Dieses Verfahren wird für alle Knoten übernommen, wobei der SEZ-Wert eines Knoten stets dem SAZ-Wert des nachfolgenden Vorgangs entspricht. In dem Beispiel unten ist dieses z.B. für die Vorgänge B und D in Bezug auf E zu sehen, indem der Wert 21 in B und D als SEZ von Vorgang E übernommen wurde.

Gehen zwei oder mehrere Knoten in einen über, so dass mehrere Nachfolger existieren, wird jeweils der kleinere SAZ-Wert der Nachfolger als SEZ übernommen. In dem Beispiel ist dieses beim Übergang der Knoten B und C auf Knoten A erkennbar.

⇒ Die Gesamtpufferzeit GP entspricht bei jedem Vorgangsknoten der Differenz von SAZ-FAZ oder – was das gleiche ergeben muss – der Differenz von SEZ-FEZ. Im Beispiel unten also etwa die Werte in Knoten B: 21-15 = 16-10 = 6.

⇒ Existiert im Netzplan ein durchgehender Pfad, der stets durch Knoten mit einer Pufferzeit von Null durchläuft, dann kennzeichnet dieses den so genannten „**kritischen Weg**".

Bei diesen Vorgängen darf keinerlei Verzögerung eintreten, da sich ansonsten das gesamte Projekt verschiebt und der späteste Endzeitpunkt des letzten Knotens nicht eingehalten werden kann.

⇒ Der kritische Weg ist optisch hervorzuheben, wie unten als fett gedruckte Linie.

Der nachfolgende Netzplan bezieht sich auf die oben formulierte Vorgangsliste.

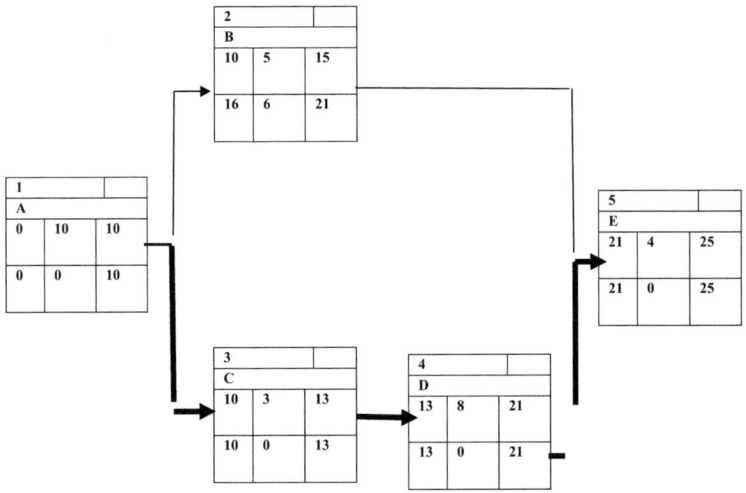

Abb. 90: Beispiel für einen Netzplan

(Quelle: Nach Siepmann/Siepmann 2004, 204)

Folgende Vor- und Nachteile lassen sich für die Netzplantechnik festhalten:

Vorteile:

- Einfache, gut lesbare graphische Darstellung
- Reihenfolgen und gegenseitige funktionelle und technische Abhängigkeiten der Vorgänge werden aufgezeigt
- Aufstellung des Netzplans erfordert i.d.R. die Kooperation aller Beteiligten

Nachteile:

- Nicht ganz einfach zu lernen, da in der Spezialliteratur häufig stark mathematisch orientiert.

6.5.3 Techniken der Lösungssuche

Unter die Bezeichnung „Techniken der Lösungssuche" sollen solche Verfahren gefasst werden, die in erster Linie dazu dienen im Fall von unübersichtlichen, schlecht strukturierten Problemen zu deren Lösung kaum oder keine Erfahrungen vorliegen, einen möglichst optimalen Lösungsansatz zu generieren.

Nun mag ein besonders heller Geist in der Lage sein auch in solchen Fällen allein einen guten Lösungsansatz zu finden, die Wahrscheinlichkeit einen optimalen Lösungsansatz zu finden steigt aber gewöhnlich, wenn mehrere Personen ihre Überlegungen einbringen.

Da es sich um unübersichtliche Probleme handelt, werden mitunter auch ungewohnte Wege zu gehen sein, um diesem Problem adäquat zu begegnen, d.h. neuartige, kreative Denkansätze sind hier notwendig.

So genannte „Kreativitätstechniken" können hier folglich zum Einsatz gelangen, um einen möglichen Lösungsansatz zu bestimmen. Im Weiteren sollen das „Brainstorming" und die „635-Methode" als zwei der verbreitesten Ansätze aus dem Fundus der Kreativitätstechniken vorgestellt werden.

6.5.3.1 „Brainstorming"

Der Kern des Brainstorming besteht darin, dass die Teilnehmer aufgefordert werden, ungefiltert, möglichst viele Lösungsmöglichkeiten und Ideen vorzutragen. Die Methode baut darauf auf, dass Ideen intuitiv und assoziativ z.B. auf den Vorschlag des Vorredners in die Runde „geworfen" werden.

Während dieser kreativen Phase ist es untersagt, Ideen zu loben oder zu kritisieren – eine Bewertung findet erst nach Beendigung dieser spontanen Phase statt. Die Ideen sollen dabei keiner „Selbst-Zensur" oder Denkverboten, Deckblockaden unterworfen sein. Die Hoffnung dieses Vorgehens liegt darin, dass dadurch auch bisher „Undenkbares" gedacht wird und somit vielleicht eine dem neuartigen Problem adäquate neuartige Lösung gefunden wird.

Folgende Grundsätze gilt es bei Brainstorming zu berücksichtigen:

1. Keine Kritik an den vorgebrachten Ideen!

Sowohl verbale als auch nonverbale Kritik ist während der kreativen Phase grundsätzlich zu unterlassen.

Während der Kreativphase soll keine Strukturierung und keine Bewertung der Ideen vorgenommen werden.

2. Auch verrückte Ideen sollen geäußert werden!

Alle Teilnehmer sollen ihre Gedanken frei und ungehemmt äußern können, d.h. „keine Schere im Kopf".

Selbst völlig wirre, verrückte etc. Ideen sind willkommen, denn andere Teilnehmer können dadurch angeregt werden.

3. Viele Ideen sind gewünscht!

Ziel ist es möglichst so viele Ideen wie möglich zu sammeln.

Nur die Grundgedanken der Ideen werden angegeben und festgehalten – nähere Erläuterungen etc. erfolgen später. Alle(!) Ideen werden aufgeschrieben und gesammelt.

4. Zuhören und Ideen aufgreifen!

Der Kern des Brainstorming besteht darin, die Ideen der anderen Teilnehmer aufzugreifen und weiterzuentwickeln. Es ist daher zwingend erforderlich wirklich(!) zuzuhören und das Positive der Ideen aufzunehmen.

6.5.3.2 „Brainwriting" - Methode 6-3-5

Als Abwandlung oder Verfeinerung des Brainstorming wurde die Methode des „Brainwriting" entwickelt. Brainwriting bedeutet, dass die Ideen schriftlich festgehalten und entwickelt werden.

Als eine Ausprägung von Brainwriting kann die Methode 6-3-5 angesehen werden, die den Grundsatz des Brainstorming – dass die Ideen von anderen aufgegriffen und fortentwickelt werden sollen – systematisiert und die Teilnehmer quasi zwingt, sich mit den Ideen der anderen zu befassen.

Bei der Methode 6-3-5 erhalten 6 Teilnehmer ein gleich großes Blatt Papier.

Name						
	1	2	3	4	5	6
Idee 1						
Idee 2						
Idee 3						

Abb. 91: Methode 6-3-5

(Quelle: Eigene)

Die Bezeichnung der Methode 6-3-5 geht darauf zurück, dass 6 Teilnehmer gehalten sind jeweils 3 Ideenvorschläge zu notieren und die Papiere insgesamt 5 mal weitergereicht werden.

Jeder der Teilnehmer ist also aufgefordert, in der ersten Reihe drei Ideen (je Spalte eine) zu formulieren. Jedes Blatt wird nach angemessener Zeit weitergereicht. Je nach Schwierigkeitsgrad der Problemstellung bietet sich ein Zeitintervall von etwa 3 bis 5 Minuten an. Die Blätter werden von allen gleichzeitig im Uhrzeigersinn weitergereicht.

Aufgabe des jeweils folgenden Teilnehmers ist es, die bereits genannten Ideen aufzugreifen, zu ergänzen und weiterzuentwickeln.

Als Vor- und Nachteile dieser Methode lassen sich z.B. nennen:

Vorteile:

- Einfach Handhabung
- Viele Ideen in kurzer Zeit
- Beschäftigung mit den Ideen anderer ist zwingend gegeben

Nachteile:

- Starke Systematisierung der Methode verhindert ggf. Kreativität
- Keine spontane Rückmeldung möglich
- Geringere Eignung für komplexere Problemstellungen

6.5.4 Technik der Bewertung von Alternativen - Nutzwertanalyse

Die Nutzwertanalyse eignet sich insbesondere dann für die Entscheidungsfindung, wenn im Rahmen der Entscheidung mindestens zum Teil auch qualitative also nicht bzw. kaum messbare Kriterien einfließen müssen.

Ein typisches Beispiel können etwa Personalentscheidungen genannt werden, in der neben messbaren Kriterien, wie die Jahre der Berufserfahrung auch qualitative Aspekte wie Teamfähigkeit oder Kommunikationsverhalten berücksichtigt werden.

Nachfolgend soll anhand des Beispiels „Kauf einer Stereoanlage" die Durchführung einer Nutzwertanalyse veranschaulicht werden.[69]

Beispiel:

Beim Kauf einer Stereoanlage wird man nicht irgendein Gerät nehmen, sondern eine Auswahl treffen, d.h. zu einer Entscheidung für ein bestimmtes Gerät kommen.

1 Problemdefinition und Problemanalyse

Das Problem selbst ist der Wunsch nach einer Stereoanlage

---

[69] Das Beispiel ist entnommen und leicht verändert aus Dincher (2007)

2 Festlegung der Entscheidungskriterien

- Der Preis soll max. 2.000,-- € betragen. Die Musikleistung soll mindestens 100 Watt je Kanal betragen.

- Die Anlage muss der DIN-Norm 45500 entsprechen. Der Frequenzumfang soll 20 - 20.000 Hertz umfassen.

- Der Klirrfaktor soll nicht größer als 0,5 % sein. Die Technik soll modern sein. Der Anschlusswiderstand für die Lautsprecherboxen muss 4 Ohm betragen.

Diese Auswahlkriterien sind nun zunächst dahingehend zu überprüfen, ob es sich um *Sollziele* (Sollkriterien) oder um *Mussziele* (Musskriterien) handelt.

Die oben genannten Kriterien werden also nach dem Grad ihrer Verbindlichkeit unterschieden:

- *Muss-Kriterien* sind zwingend. Eine Lösungsalternative, die sie nicht erfüllt, scheidet aus. Musskriterien sind „K.O.-Kriterien".

- *Soll-Kriterien* hingegen beinhalten diejenigen Zielsetzungen, die möglichst weitgehend realisiert werden sollen. Der Zielerreichungsgrad ist dann Maßstab der Bewertung.

Die folgende Tabelle enthält Soll-Kriterien.

3 Informationsbeschaffung

Die Sammlung von Katalogen und Prospekten und die erste Sichtung hat ergeben, dass folgende Anlagen den Muss-Kriterien genügen:

	Gerät A	Gerät B	Gerät C	Gerät D
Preis	1.700,-	1.900,-	1.250,-	1.350,-
Frequenzbereich	20-20 KHz	10-40 KHz	20-20 KHz	20-30 KHz
Klirrfaktor	0,5 %	0,4 %	0,5 %	0,2 %
Ausgangsleistung	2 x 120 W	2 x 90 W	2 x 80 W	2 x 100 W
Techn. Ausstattung	Fernbedienung, Sendersuchlauf, Sensortasten	Sendersuchlauf, Digitalanzeige	Standard Transistor	Standard Transistor

4 Gewichtung der Entscheidungskriterien

Die Entscheidungskriterien werden in eine Rangfolge gebracht und entsprechend ihrer subjektiv empfundenen Bedeutung mit Faktoren gewichtet.

Diese Gewichtung kann in Form einer *freihändigen* Vergabe von Gewichtungspunkten vorgenommen

werden.

Dies kann beispielsweise in der Art geschehen, dass insgesamt maximal 100 Punkte zur Verfügung stehen, die entsprechend der Bedeutung, die der Entscheidungsträger den Kriterien beimisst, vergeben werden, etwa wie in dem folgenden Beispiel:

Lfd. Nr.	Kriterium	Gewichtung
1	Preis	Punkte: 40
2	Frequenzbereich	Punkte: 30
3	Klirrfaktor	Punkte: 15
4	Ausgangsleistung	Punkte: 10
5	Techn. Ausstattung	Punkte: 5
	gesamt	Punkte: 100

Das Verfahren der freihändigen Vergabe hat den Nachteil, dass die Gewichtung weitgehend willkürlich ist und vor allem die Gefahr besteht, dass das Ergebnis der Nutzwertanalyse durch die Gewichtung der Kriterien manipuliert werden kann.

Dadurch aber, dass in der Sozialwirtschaft und -verwaltung selten nur eine Person allein über die Gewichtungen entscheidet, sondern ein entsprechendes Gremium zuständig ist, kann dieser Makel in der Praxis abgemildert werden.

5 Vergabe von Teilpunktwerten für die einzelnen Merkmale

Die Bewertung der einzelnen Alternativen (hier: Geräte A-D) beginnt mit der Vergabe von Teilpunktwerten für die einzelnen Merkmale. Verbreitet ist für die Punktvergabe eine Fünferskala. Gelegentlich werden auch Zehnerskalen vorgeschlagen.

Im Falle der Fünferskala entspricht ein Punkt der schlechtesten, 5 Punkte entsprechen der besten Bewertung. Die Punktwerte können auch durch Symbole oder Begriffe dargestellt werden.

Punktezahl	Symbol	Bezeichnung
5	++	Sehr gut
4	+	Gut
3	o	Mittel
2	-	Schlecht
1	--	Sehr schlecht

(1) Punktvergabe bei rein *qualitativen*, nicht quantifizierbaren Kriterien

Qualitative Kriterien sind solche, deren Merkmalsausprägungen nicht gemessen und in Zahlenangaben ausgedrückt werden können.

Dazu rechnen z.b. Merkmale wie: Aussehen und Bedienungskomfort oder auch, wie in unserem Beispiel, die technische Ausstattung eines Gerätes.

Bei solchen Merkmalen wird die Punktvergabe zwangsläufig subjektive Elemente aufweisen.

Es sei hier angenommen, dass der Käufer mit einer Standardausstattung durchaus zufrieden wäre; er würde dann also den Geräten C und D jeweils 3 Punkte geben; für eine Unterschreitung des Standards würde er eine Abwertung bis minimal 1 Punkt vornehmen.

Bei Gerät B könnte er z. B. den Sendersuchlauf als positiv, aber die Digitalanzeige als negativ einstufen, weil er Analog-Instrumente bevorzugt, so dass er im Ergebnis für B vielleicht auch nicht mehr als 3 Punkte zu vergeben bereit ist. Die Extras bei Gerät A entsprächen jedoch eher seiner Idealvorstellung, es fehlt ihm daran eigentlich nur eine zusätzliche LED-Anzeige. Er gibt also dem Gerät A 4 Punkte.

(2) Punktvergabe bei *quantitativen* Kriterien

Bei quantifizierbaren Kriterien ist die Situation insofern günstiger, als die Punkteverteilung zwischen den Extremwerten nach einem objektiven Verfahren vorgenommen werden kann. Und zwar lässt sich die Punktezuordnung anhand eines Koordinatenkreuzes oder einer Punkteskala objektivieren.

6 Erstellen und Berechnen einer Nutzwerttabelle

Die Ergebnisse der Gewichtung der Kriterien und der Bewertung der Alternativen werden in einer Nutzwerttabelle zusammengefasst.

Nr.	Kriterien Bezeich- nung	Gew. (%)	Gerät A Bew.	TNW	Gerät B Bew	TNW	Gerät C Bew	TNW	Gerät D Bew	TNW
1	Preis	30	2	60	1	30	4	120	4	120
2	Frequenz- bereich	20	3	60	5	100	3	60	3	60
3	Klirrfaktor	30	2	60	3	90	2	60	5	150
4	Ausg. Leis- tung	10	5	50	3	30	3	30	4	40
5	Techn. Aus- stattung	10	4	40	3	30	3	30	3	30
	Gesamt- Nutzwert			270		280		300		400

In die Nutzwerttabelle werden die Alternativen und ihre Bewertung *(Punkte)* sowie die Kriterien und ihre Gewichtung *(Prozentzahlen)* eingetragen. Aus der Multiplikation der Gewichtung mit der Punktzahl ergibt sich der *Teilnutzwert*. Die Summe der Teilnutzwerte *(TNW)* (Spaltensumme) ergibt den *Gesamtnutzwert (GNW)* einer Alternative (eines Gerätes).

Der Gesamtnutzwert ist ein Maß für den Nutzen, den eine Alternative dem Akteur stiftet. Er ist das *Kriterium der Entscheidung* für eine von mehreren Alternativen.

7 Ergebnisanalyse

Grundsätzlich ist die Nutzwertanalyse an dieser Stelle abgeschlossen und in vielen Fällen wird es sich nun anbieten, die Alternative mit dem höchsten bzw. besten Gesamtnutzwert zu realisieren.

Allerdings empfiehlt es sich in der Regel das Ergebnis im Rahmen einer Ergebnisanalyse noch einmal genau zu betrachten.

Es ist sinnvoll, dass an das Ergebnis einer Nutzwertanalyse bestimmte Anforderungen gerichtet werden, denen das Ergebnis mit dem höchsten/besten Nutzwert gerecht werden muss, um tatsächlich realisiert zu werden.

⇒ Es empfiehlt sich einen bestimmten Mindestwert als Akzeptanzniveau vorzugeben.

D.h. es wird von der (scheinbar) besten Alternative verlangt, dass sie in ihrem Gesamtnutzwert eine Mindestpunkt oder –prozentzahl nicht unterschreitet. Damit soll verhindert werden, dass unter mehreren schlechten Alternativen die am wenigsten schlechte, aber deshalb nicht „gute" Alternative gewählt wird.

Rechnerisch ist also zu verlangen, dass ein Anteil am maximal erreichbaren Nutzwert nicht unterschritten werden darf. Der maximal erreichbare Nutzwert beträgt in dem obigen Beispiel für eine denkbare Alternative, die in allen Kriterien die Höchstpunktzahl von 100 erzielt, folglich 500 Punkte.

In dem Beispiel erzielt Gerät D 80% des maximalen Gesamtnutzwertes (400/500) x 100. Je nachdem wie hoch das Akzeptanzniveau gesetzt wird, erfüllt oder verfehlt die Alternative D diese Anforderung.

$\Rightarrow$ Des Weiteren empfiehlt es sich einen Mindestabstand der besten Alternative zur zweitbesten zu definieren.

D.h. es wird von der Alternative mit dem höchsten Nutzwert erwartet, dass es sich auch um die hinreichend klar beste Alternative handelt.

Durch eine nur geringfügige Variation der Gewichtung der Kriterien könnte in manchen Entscheidungssituationen u.U. eine andere Alternative den höchsten Gesamtnutzwert erreichen.

Rechnerisch ist also in diesem Fall zu verlangen, dass der Abstand der Alternative mit dem höchsten Gesamtnutzwert zu der Alternative mit dem zweithöchsten Gesamtnutzwert mindestens X Prozent beträgt.

Für die beiden genannten wie auch weitere denkbare Aspekte der Ergebnisanalyse gilt, dass die entsprechenden Größen, wie Mindestniveau und Mindestabstand stets *vor* Durchführung der Nutzwertanalyse festgelegt werden.

7 Bereichsübergreifende Konzeptionen

7.1 Das Neue Steuerungsmodell

Das Neue Steuerungsmodell (NSM) basiert auf mehreren zentralen Konzepten, die im Weiteren in ihren grundsätzlichen Bedeutungen und Zusammenhängen dargestellt werden.

Elementar ist zunächst der Begriff des Produktes. Ein mögliches Produkt stellt z.B. die Personalentwicklung dar. Die Personalentwicklung ist ein Produkt des Personalmanagements (Produktgruppe), welche wiederum dem Bereich der Inneren Verwaltung (Produktbereich) zuzuordnen ist. Das Denken in Produkten geht offensichtlich von einer begrifflichen Hierarchie aus, wie sie in der nachfolgenden Übersicht dargestellt ist.

Die nachstehende Abbildung skizziert die Systematik eines so genannten Produktrahmens, an welchem sich alle kommunalen Produkte ausrichten.

Produktbereich A			
Produktgruppe A1	Produktgruppe A2	Produktgruppe A3	Produktgruppe ...
Produkt A1.1 A1.2	**Produkt** A2.1: A2.1:	**Produkt** A3.1: A3.2:	**Produkte ...**

Abb. 92: Systematik eines Produktrahmens

(Quelle: Eigene)

Nun ist es der Fall, dass das Produkt, hier die Personalentwicklung, noch nicht bezeichnet, was konkret in der kommunalen Praxis getan wird. Um dieses Feld wiederum näher einzugrenzen wird im NSM auf den Begriff der Leistung abgestellt.

- Leistungen stellen in der KGST-Terminologie das Ergebnis von Tätigkeiten dar, die wahrgenommen werden müssen, um eine (Teil-) Aufgabe zu erfüllen.

- Produkte sind dementsprechend Gruppen von Leistungen. Produkte ähnlicher Teilzusammenhänge bzw. ähnlicher Bereich werden zu

- Produktgruppen zusammengefasst.

- Produktbereiche lassen sich als Oberbegriff für verwandte Produktgruppen beschreiben.

Nachfolgend verdeutlicht ein Auszug aus dem offiziellen NKR Produktrahmen den Aufbau und die Zuordnung des Produktdenkens.

090	Soziales	01	Unterstützung von Senioren	01	Altenheim	Verwaltung und Betrieb von Altenheimen
				02	Altenarbeit	Untergliederung z.B.: 01 Altenarbeit in Einrichtungen, 02 Altenarbeit außerhalb von Einrichtungen, 03 Soziale Vergünstigungen für Senioren, 04 Heimaufsicht
		02	Hilfen bei Krankheit, Behinderung, Pflegebedürftigkeit	01	Leistungen bei Krankheit	auch: Antragsannahme in sozialen Angelegenheiten für andere Behörden (z.B. BfA, LVA)
				02	Beratung und Leistungen bei Behinderung	
				03	Beratung und Leistungen bei Pflegebedürftigkeit	
				04	Soziale Einrichtungen für Kranke, Pflegebedürftige und Behinderte	
				05	Soziale Vergünstigung für Kranke, Pflegebedürftige und Behinderte	
				06	Betreuung nach dem Betreuungsgesetz	
		03	Hilfen bei Einkommensdefiziten und Unterstützungsleistungen	01	Hilfe zum Lebensunterhalt nach BSHG	
				02	Leistungen der Kriegsopferfürsorge	
				03	Leistungen der Unterhaltssicherung	
				04	Leistungen nach BaföG	
				05	Leistungen der Grundsicherung	
				06	Schuldnerberatung	
				07	Soziale Vergünstigung für Einkommensschwache	
				08	Lastenausgleich	
				09	Hilfen nach AsylBLG	
				10	Angebot von Arbeit und Qualifizierung	
				11	Vermittlung in Erwerbstätigkeit	
		04	Sozialversicherungsangelegenheiten	01	Kranken- und Pflegeversicherung	
				02	Prüfung der Geschäfts- und Rechnungsführung der landesunmittelbaren Kranken- und Pflegekassen	
				03	Sozialwahlen	
100	Jugend	01	Förderung von Kindern in Tagesbetreuung	01	Förderung von Kindern in Tageseinrichtungen von 0-3 Jahren (Krippen)	
				02	Förderung von Kindern in Tageseinrichtungen von 3-6 Jahren (Kindergarten)	
				03	Förderung von Kindern in Tageseinrichtungen von 6-14 Jahren (Hort)	

Abb. 93: Produktrahmen NKF – Auszug

Die Leistungen der Verwaltung über den Produktbegriff zu charakterisieren entspricht der so genannten outputorientierten Perspektive des NSM. Outputorientierung meint im Wesentlichen, dass die Verwaltung vom Kunden her definiert ist.

Der Bürger wird als „Kunde" verstanden, u.a. demgegenüber die Verwaltung Produkte (Produktorientierung) anbietet und absetzt. Beurteilungsgrößen, wie z.B. Qualität etc. sollen in der Outputorientierung folglich aus Kundensicht beurteilt werden und nicht (mehr nur) aus der Binnenperspektive der Verwaltung (Inputorientierung).

Im konkreten Einzelfall können diese Betrachtungen sehr auseinander fallen. Während es z.B. aus der Sicht der Verwaltung durchaus als ein (ausreichendes?) Merkmal für qualitativ hochwertige Verwaltungsarbeit angesehen wird, wenn ein Bescheid rechtskonform erstellt wird, kommen aus der Sicht des Empfängers/Bürgers mitunter weiter Kriterien, wie verständliche Sprache etc. hinzu, um (auch) aus dieser Perspektive die Verwaltungsarbeit als qualitativ hochwertig erscheinen zu lassen.

Das NSM plädiert des Weiteren auch für eine andere Form der Beziehung zwischen an der Leistungserstellung beteiligten Institutionen.

Anstelle von einer auch praktizierten hierarchiebezogenen Zusammenarbeit sollen verbindliche Vereinbarung/Absprachen treten. Die Rede ist hier vom so genannten Kontraktmanagement.

Kontakte (also Vereinbarungen) können auf der obersten kommunalen Ebene geschlossen werden zwischen der Politik/Rat der Stadt und der Verwaltungsleitung, aber auch zwischen einzelnen Fachabteilungen/Dezernaten untereinander und auch mit der Verwaltungsleitung sowie auch innerhalb der einzelnen Organisationseinheit.

Unterstellt wird im Grunde eine „Kunden-Lieferanten-Beziehung", in der die zu erbringende Leistung genauso geregelt wird, wie die dafür zur Verfügung zu stellenden Ressourcen und die Art und Weise der Berichterstattung, wie die Ressourcen tatsächlich eingesetzt wurden.

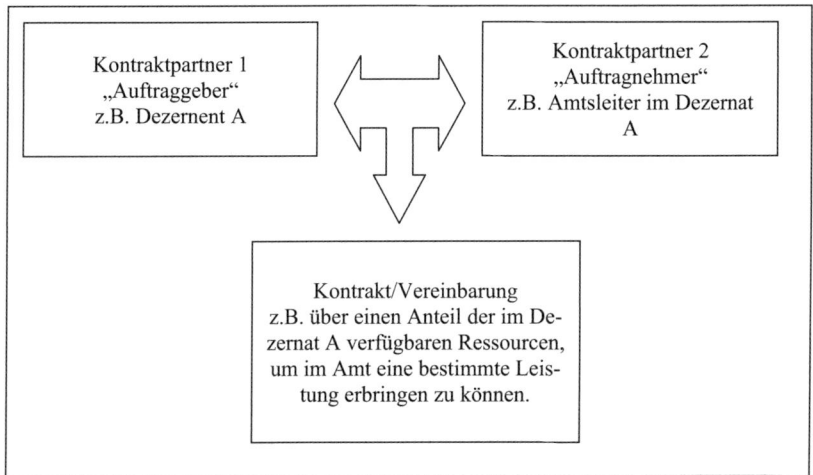

Wesensmerkmal des Kontraktmanagements soll sein, dass sich diese „Vertragsbeziehung" über sämtliche Hierarchieebenen erstreckt, d.h. angefangen von einem/mehreren Kontrakt(en) zwischen der Politik (dem Rat) und der Verwaltungsspitze, über Kontrakten zwischen Verwaltungsspitze mit Dezernenten etc. bis hin zu Kontrakten zwischen Vorgesetzten und Mitarbeitern.

Auf der Ebene von Vorgesetzten und Mitarbeitern erscheint der Kontrakt regelmäßig in Form einer so genannten Zielvereinbarung. Eine solche Zielvereinbarung enthält z.B. Angaben darüber, welche Leistungen der Mitarbeiter erbringen muss, um in den Genuss einer Leistungsprämie i.S.d. Tarifvertrags für den Öffentlichen Dienst (TVöD) zu kommen.

Als ein bedeutsames Instrument des NSM ist in diesem Zusammenhang die Budgetierung zu nennen.

Gegenstand des Kontraktes sollen auch Budgets sein. Unter einem Budget lässt sich i.d.R. ein klar definierter Geldbetrag verstehen, der dem Budgetverantwortlichen eigenverantwortlich zu Aufgabenerledigung verbindlich zur Verfügung gestellt wird.

Der Sinn dieser Regelung besteht vor allem darin, dass der Budgetverantwortliche bei wirtschaftlichem Umgang mit seinem Budget etwaige Überschüsse zumindest teilweise in die nächste Abrechnungsperiode übertragen kann bzw. dass bei unwirtschaftlichem Umgang mit dem Budget keine Gelder nachgefordert werden dürfen.

Genau genommen lässt sich das Kontraktmanagement und das konkrete Arbeiten mit Zielvereinbarungen auch als eine Form der (Verwaltungs-) Steuerung begreifen. Steuerung wird in betriebswirtschaftlichen Zusammenhängen häufig auch mit dem Controlling-Begriff charakterisiert.

Controlling, d.h. Steuerung, erfolgt aus betriebswirtschaftlicher Sicht regelmäßig aufgrund von Kennzahlen bzw. Kennzahlensystemen. Eine einfache Kennzahl könnte beispielsweise die Produktivität (mengenmäßiger Output/mengenmäßiger Input) sein.

Controlling stellt mit Hilfe von z.B. Kennzahlen fest, ob gegebene Ziele erreicht wurden (z.B. Produktivitätssteigerung um 5%) oder gibt über eine entsprechende Kosten- und

Leistungsrechnung Auskunft darüber, *welche* Kosten (Kostenarten), *wo* (Kostenstellen), *wofür* (Kostenträger) entstanden sind. Zusammengefasst werden diese Informationen in der Regel mit Hilfe eines Berichtswesens.

Eine solche ausgefeilte Kostenrechnung und motivierendes Budgethandeln, war in der öffentlichen Verwaltung im Rahmen der kameralen Rechnungslegung lange Zeit unbekannt. Erst mit Einführung der kaufmännischen Buchführung (syn. „Doppik", doppelte Buchführung") können z.B. Einsparungen am Budget für den betreffenden Bereich überhaupt in das Folgejahr übernommen werden, um hier nur einen Vorteil der kaufmännischen Buchführung zu nennen.[70]

7.2 Management des organisatorischen Wandels (Change Management)

7.2.1 Einführung

Das Themenspektrum, das heute in der populärwissenschaftlichen und auch weiten Teilen der wissenschaftlichen Literatur als Change Management bezeichnet wird, deckt ein sehr weites und zum Teil äußerst heterogenes Themenfeld ab.

Insgesamt lässt sich feststellen, dass die verschiedenen Ansätze und Instrumentarien des Change Managements im Wesentlichen auf zwei Bereichen fußen. Zu einem großen Teil hat das Thema seinen Ursprung in den Geschäftsaktivitäten der großen Unternehmensberatungsgesellschaften, wonach sich diesen Themen dann nach und nach auch die Wissenschaft angenommen hat.

Ein anderer Ansatzpunkt kann in den psychologisch-gruppendynamischen Forschungen der späten 40er und 50er Jahre des vergangenen Jahrhunderts

---

[70] Vgl. dazu auch Mroß (2006)

gesehen werden, die sich bis heute insbesondere mit dem Namen von Kurt Lewin und seinen Forschungsbemühungen zur Gruppendynamik verbinden.

Es lässt sich von daher festhalten, dass das Thema der Wandelung bzw. Wandlungsfähigkeit von Organisationen – in der heute verstandenen Form – keinen ursprünglich betriebswirtschaftlichen Hintergrund besitzt. In diesem Sinne ist der gesamte Themenbereich ein Resultat der verhaltenswissenschaftlichen Öffnung der Betriebswirtschaftslehre.

7.2.2 Grundkonzeptionen des Wandels

Nachfolgend werden die so genannte Organisationsgestaltung und die Organisationsentwicklung im Einzelnen untersucht. Zum Überblick sei an dieser Stelle ein kurzer Vergleich vorangestellt.

Die Organisationsgestaltung (Organisationsuntersuchung)

- *Ziel*: effiziente Organisation, d.h. zum Beispiel kürzere Durchlaufzeiten.

- *Gegenstand*: primär Strukturen (Aufbauorganisation) und Prozesse (insbes. Ablauforganisation)

- *Ansatz*: technologisch, betriebswirtschaftlich orientiert, d.h. zum Beispiel durch eine Änderung von Ablaufwegen wird davon ausgegangen, dass sich auch das Verhalten der Menschen ändert.

- *Varianten*: In der Praxis erscheint diese Vorgehensweise in Ansätzen wie dem so genannten „Business Reengineering" oder der Organisationsanalyse

Die Organisationsentwicklung

- *Ziel*: Steigerung der Problemlösungs- und Lernfähigkeit, d.h. im Sinne einer holistischen Perspektive soll z.B. die Lernfähigkeit der Organisation als Ganzes oder als kollektive Erscheinung gesteigert werden.

- *Gegenstand*: primär die Organisationsmitglieder, d.h. es geht mehr um die Einstellungen und Werte der Menschen, die Regel, Abläufe etc. zu befolgen haben, als um diese Regel, Abläufe etc. als solche.

- *Ansatz*: verhaltenswissenschaftlich, sozialwissenschaftlich, im engeren Sinne eigentlich psychologisch und soziologisch.

- *Varianten*: Organisationsentwicklung, „Lernende Organisation"

7.2.3 Grundzüge der Organisationsgestaltung und Organisationsuntersuchung

Hervorgegangen ist diese Sichtweise der Organisationsgestaltung aus dem strukturellen Ansatz der Organisationslehre. Dieser Ansatz interpretiert Organisationsprobleme vorwiegend technisch, d.h. Organisationsprobleme werden als Dysfunktionalitäten der Gebildestruktur gedeutet.[71]

Das Zentrum des Interesses der Organisationsgestaltung lässt sich demnach auch an den beiden Hauptkomponenten des instrumentellen Organisationsbegriffs festmachen. Die Ansatzpunkte sind die Aufbauorganisation und (vor allem) die Ablauf- oder Prozessorganisation.

Die Effizienz von Organisationsstruktur und Organisationsabläufen steht also im Mittelpunkt der Betrachtung. Denkbare Auslöser können aber auch anders gelagerte Verwaltungs- und/oder Politikziele sein, die wiederum eine Verschiebung von Ressourcen mit sich bringen, was letztlich nicht ohne Auswirkung auf die Auf- und Ablauforganisation sein kann.

Um eine verbesserte Organisation zu etablieren, wird im Rahmen dieses Ansatzes regelmäßig ein sachlogisch nachvollziehbares und sukzessives Vorgehen gewählt, dem eine so genannte Organisationsuntersuchung vorangeht.

Die Organisationsuntersuchung kann grob in die folgenden Phasen untergliedert werden:[72]

1. Planung

2. Vorstudie

3. Hauptstudie

4. Umsetzung

5. Kontrolle

In der Planungsphase, also bevor mit den eigentlichen Überlegungen zur Organisationsuntersuchung begonnen wird, empfiehlt es sich zunächst Klarheit mindestens über die nachfolgenden Aspekte zu gewinnen:

- Erfassung des Gegenstands der Organisationsuntersuchung

- Aufbereitung des Problems als Ja/Nein Entscheidung bzgl. der Organisationsuntersuchung

- Einschränkungen und Anforderungen z.B. aus der Politik

- Terminvorstellungen

---

[71] Vgl. Hill/et al. (1998, 469)
[72] Vgl. folgend Siepmann/Siepmann (2004, 251 ff.)

- Grobdefinition des anvisierten Ziels

- Entscheidung über Kosten/Nutzen der Untersuchung an sich: Steht der erwartete Nutzen in einem angemessenen Verhältnis zum Aufwand der Durchführung der Organisationsuntersuchung?

- Welche Befugnisse soll der Organisator erhalten?

- Art und Formen der Berichterstattung (z.b. Zwischenberichte)

Diese Vorüberlegungen lassen sich schließlich weiter unterteilen in:

⇒ *Arbeitsplanung* (z.b. Welche Instrumente des Organisierens überprüft und ggf. verändert werden sollen, Welche Organisationstechniken werden eingesetzt? Wie sind die Mitarbeiter zu beteiligen? Etc.)

⇒ *Zeitplanung* (Es gilt zu schätzen, wie viel Zeit die zu leistenden Arbeiten jeweils erfordern)

⇒ *Kostenplanung* (Welche Personal- und Sachkosten entstehen?)

⇒ *Personalplanung* (Anzahl der benötigten Mitarbeiter und deren Beanspruchung, Notwendige Qualifikation der Mitarbeiter, Zeitpunkt des Mitarbeiter-Einsatzes, Zeitraum der Mitarbeit)

Insbesondere muss an dieser Stelle auch die zentrale Entscheidung überdacht werden, ob ein externer Berater oder eigene Mitarbeiter mit der Durchführung der Untersuchung beauftragt werden soll. Für beide Alternativen gibt es ein Für und Wider.[73]

Pro: Externe Berater	Contra: Externe Berater
Spezialisten auf einem Teilgebiet	Relativ lange Einarbeitungszeit in die konkrete Situation
Erfahrungen aus ähnlichen Projekten	Risiko, unzureichender fachlicher Qualifikation
Unabhängigkeit bei internen Konflikten	Gefahr der Instrumentalisierung von Gutachtern
Keine Betriebsblindheit	Relativ hohe Gutachterkosten
Professionelle Darstellung und argumentative Durchsetzung des Konzeptes	Emotionale Ablehnung der Betroffenen (Berater gehen, Probleme bleiben)
Flexiblere Erweiterung der Problemlösungskapazität	

Abb. 95: Pro und Contra des Einsatzes externer Berater

(Quelle: Eigene nach Staehle (1994, 918)

---

[73] Vgl. dazu und folgend Staehle (1994, 918)

Im Rahmen der Vorstudie erfolgt eine grobe Analyse des Ist-Zustandes durch Konkretisierung der Problemstellung.

Diese Ergebnisse werden sodann in der Hauptstudie näher präzisiert, in dem Gründe die wahrgenommenen Schwachstellen und/oder Engpässe in der Aufbau- oder Ablauforganisation hergeleitet werden. In diesem Zusammenhang wird auf Methoden zurückgegriffen, wie sie z.B. in Kapitel 6.5 vorgestellt wurden.

Die Hauptstudie gipfelt gewissermaßen darin, dass Alternativen aufgezeigt werden, wie die festgestellten und untersuchten Schwachstellen beseitigt werden können.

Geht man davon aus, dass sich regelmäßig mehrere Verbesserungsalternativen anbieten, gilt es z.B. mittels einer Nutzwertanalyse diese Alternativen zu vergleichen und zu bewerten.

Am Ende steht schließlich die Erarbeitung und ggf. nachfolgende Umsetzung der Konzeption für die neue Aufbau- oder Ablauforganisation. Für den Fall, dass der Lösungsvorschlag der Organisatoren auch in die Praxis umgesetzt werden soll, wird es sich regelmäßig empfehlen, dass diese die Umsetzung der Lösung beratend begleiten.

Üblich ist es das Vorgehen und insbesondere die Ergebnisse der Untersuchung in einen **Schlussbericht** zusammen zu fassen.

Die Organisationsuntersuchung endet im Idealfall schließlich mit der **Kontrolle**, in deren Rahmen insbesondere folgende Fragen zu klären sind:

- Wurde das angestrebte Ziel (z.B. die Verkürzung der Bearbeitungsdauer) erreicht?
- Wurde der zeitliche Rahmen eingehalten?
- Wurde der wirtschaftliche Rahmen eingehalten?
- Werden die Änderungen von den Beteiligten auch akzeptiert und „gelebt"?

In der Praxis ist es häufig keineswegs selbstverständlich, weil im Einzelfall auch nicht einfach zu beurteilen ist, ob die Organisationsuntersuchung erfolgreich war.

Oft liegt daher die Neigung vor, auf eine wirkliche Kontrolle im obigen Sinne zu verzichten. Gerade für politische Entscheidungsträger der öffentlichen Verwaltung würde es zuweilen problematisch sein – nachdem viel Geld, Zeit und Ressourcen in die Untersuchung investiert wurde – am Ende festzustellen, dass die Organisationsuntersuchung das Ziel verfehlt hat. Es erscheint somit verlockend auf eine *tatsächliche* Kontrolle zu verzichten.

Allerdings ist ohne eine nachträgliche Kontrolle auch die vorherige Planung weitgehend sinnentleert!

7.2.4 Grundzüge der Organisationsentwicklung

Zur Durchführung der Organisationsentwicklung kann strukturell auf das auf Lewin und Schein zurückgehende Drei-Phasen-Modell abgestellt werden.

(1) Phase: Auftauen (unfreezing),

(2) Phase: Bewegung (moving, changing)

(3) Phase: Wieder-Einfrieren (refreezing)

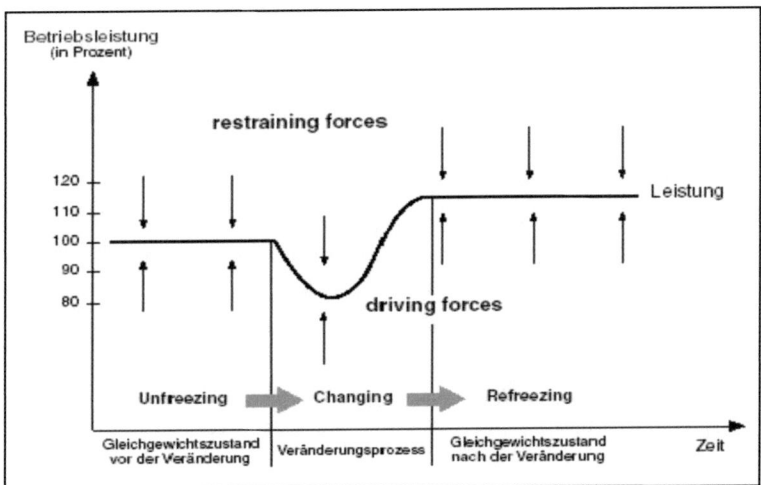

Abb. 96: Wandel als Veränderung von Gleichgewichtszuständen

(Quelle: Vahs 2005, 333 und die dort genannte Literatur)

In der Phase des Auftauens „unfreezing" ist es das Ziel, bei den betroffenen Mitarbeitern eine Bereitschaft zur Veränderung zu erzeugen.

Der aktuelle Gleichgewichtszustand der Organisation soll gelockert werden, in dem Maßnahmen ergriffen werden, die dazu führen, dass Mitarbeiter ihre bisherigen Überzeugungen etc. hinterfragen.

Neben anderen Möglichkeiten ist es an dieser Stelle etwa denkbar und ethisch sicherlich fragwürdig, dass seitens der „Change Agents" zum Teil gezielt Schuldgefühle bei den Mitarbeitern ausgelöst werden. Diese konkretisieren sich z.B. in der Form, dass nicht veränderungsbereite Mitarbeiter als „unbelehrbar" und „rückständig" dargestellt werden etc..

Während in der Phase „Auftauen" noch mit einer mehr oder weniger gleich bleibenden Organisationsleistung gerechnet werden kann, ist die Phase Bewegung „moving/changing" sehr viel problematischer.

Wenn wir davon ausgehen, dass der Prozess des Auftauens erfolgreich war, dann haben die Mitarbeiter in der zweiten Phase ihre gelernten und erprobten Überzeugungen aufgegeben, ohne dass an deren Stelle, zu diesem Zeitpunkt schon etwas gleichwertig Neues getreten ist. Es scheint daher plausibel, in dieser Phase davon auszugehen, dass hier die Leistung zunächst abfällt.

Nicht zuletzt auch aufgrund der geminderten Organisationsleistung ist es um so wichtiger, dass die neuen Überzeugungen und mit ihnen auch das praktische Verhalten in der Phase Wieder-Einfrieren „refreezing" möglichst schnell zum Standard werden.

Hat die Organisationsentwicklung auf die richtigen Inhalte gesetzt und ist es gelungen, diese in der letzten Phase auch dauerhaft im Bewusstsein der Organisationsmitglieder zu verankern, dann wird sich die Organisationsleistung schließlich oberhalb der alten Ausgangsgröße einpendeln.

Geschieht dies nicht, d.h. führt die Veränderung nicht spätestens mittelfristig zu einer Leistungssteigerung, dann besteht die Gefahr, dass die neuen Normen (zu recht) in Frage gestellt werden.

Während des gesamten Entwicklungsprozesses wirken so genannte retardierende und akzelerierende Kräfte auf das Vorhaben ein. In der obigen Abbildung sind diese durch die von oben und unten verlaufenden Pfeile gekennzeichnet. Das heißt, es kommen sowohl Kräfte zum Tragen, die das Änderungsvorhaben unterstützen und voranbringen („driving forces") als auch solche, die es blockieren, ausbremsen und verhindern („restraining forces") wollen.

Unabhängig davon, welche Wandelkonzeption konkret in der Praxis ins Auge gefasst wird, empfiehlt es sich regelmäßig den Wandelprozess nicht unbegleitet ablaufen zu lassen. Dabei erhöhen sich die Erfolgsaussichten dafür, dass die Veränderungen auch langfristig etabliert werden können, wenn in der Organisation zwei nach Witte so genannte Promotoren den Wandelprozess begleiten.

So genannte Fach-Promotoren stützen den Wandelprozess fachlich. Sie stehen dafür, dass den übrigen Mitarbeitern signalisiert wird, dass der angestrebte Wandelzustand auch aus fachlicher Sicht angebracht und notwendig ist. Ihre Aufgabe besteht nicht zuletzt darin, fachliche Bedenken, die gegen die Veränderung geäußert werden, aufzunehmen und zu prüfen.

Macht-Promotoren hingegen, die aus einer höheren Hierarchieebene entstammen, nehmen indessen eine andere Unterstützungsfunktion wahr. Ihre Aufgabe besteht darin zu signalisieren, dass der Wandel auch seitens der Leitung ernsthaft gewollt wird. Macht-Promotoren obliegt es im Einzelfall Bedenken gegen den Wandel, die nicht fachlicher Natur sind, auszuräumen. Für den Bereich der öffentlichen Verwaltung kommt für die Rolle des Macht-Promotors etwa die Position der Amts- oder Dezernatsleitung in Frage. In der Sozialwirtschaft bzw. der Freien Wohlfahrtspflege die Position des Verstands/Geschäftsführers oder eines Abteilungsleiters.

Die Erfahrung zeigt, dass Wandelprozesse, gerade in größeren Organisationen, die beide oder eine der Promotoren nicht belegt haben, vielfach über kurz oder lang scheitern.

7.3 Qualitätsmanagement

7.3.1 Verständnis von „Qualität"

Die Ausrichtung möglichst aller Prozesse, Handlungen, Strukturen am Qualitätsgedanken und die damit einhergehenden Veränderungen in den Prozessen und Strukturen einer Organisation, stellen das Bindeglied zwischen Qualitäts- und Change - Management dar.

Für Sozialwirtschaft und –verwaltung nimmt dabei die Qualitätsorientierung in der gesamten Ausrichtung des New Public Managements und des Neuen Steuerungsmodells eine zentrale Rolle ein.

Wie so oft bei Ansätzen aus der Betriebswirtschafts- oder Managementlehre lassen sich auch Ansätze des Qualitätsmanagements als Orientierungen verstehen, die ursprünglich im privatwirtschaftlichen Sektor erdacht und für diesen konzipiert wurden und erst allmählich – teils mit ganz erheblichen Modifikationen – für den nonprofit bzw. öffentlichen Sektor brauchbar gemacht wurden.

Der Terminus „Qualität" als solches steht zunächst einmal im Sinne von (lat.) „qualitas" für Beschaffenheit, Güte, Wert. Umgangssprachlich steht der Terminus Qualität auch allein, d.h. ohne Zusätze wie „gute", schon für etwas Hochwertiges.

Der Qualitätsbegriff hat im Rahmen verschiedener Konzepte des Qualitätsmanagements (s.u.) unterschiedliche Ausdifferenzierungen erfahren.

In Bezug auf allgemeine Betriebe kann z.B. nach drei Sachinhalten unterschieden werden:[74]

---

[74] Vgl. Dögl (1986, 81)

- Verwendungsprozessorientierter Qualitätsbegriff, wenn die Nutzung eines Gutes als Gradmesser für Qualität dient. Als zentrales Kriterium stellt sich hier z.B. die Frage: Erfüllt das Gut die vom Nutzer erwartete Leistung?

- *Beispiel*: Erbringt ein PKW die erwartete Beförderungsleistung von A nach B?

- Wertproduktorientierter Qualitätsbegriff, wenn über die reine Nutzung des Gutes hinaus auch der Geltungswert, wie z.b. eine hochwertige Verarbeitung/Ausstattung mitbestimmend für das Qualitätsverständnis ist.

- *Beispiel*: Ist das Auto im Innenraum mit hochwertigen Materialen verarbeitet? Ledersitze etc.

- Herstellungsprozessorientierter Qualitätsbegriff, wenn nicht das fertige Produkt, sondern der Prozess der Erstellung im Fokus der Qualitätsbetrachtung steht.

- *Beispiel*: Fortlaufende Fehlerkontrolle, Philosophie des „Internen Kunden", Null-Fehler-Philosophie etc.

7.3.2 Qualitätsbegriff

Ungeachtet dieser ursprünglich industriellen Ausprägung wurde und wird der Begriff der Qualität im öffentlichen Sektor teilweise noch ausschließlich mit Recht- und Ordnungsmäßigkeit gleichgesetzt.

Im Rahmen der Sozialwirtschaft und des New Public Management wird der Begriff – ohne die vorgenannten Aspekte freilich aufzugeben – aber weitergefasst und bezieht zusätzlich Elemente der Benutzer- und Kundenorientierung mit ein.

Auch für den öffentlichen Sektor gibt es keine allgemein anerkannte Strukturierung. Verbreitet ist z.B. in Anlehnung an das allgemeine Dienstleistungsmanagement eine Ordnung nach:

- Struktur- oder Potentialqualität

- Prozessqualität

- Ergebnisqualität

Wofür die einzelnen Dimensionen in Bezug auf die öffentliche Verwaltung stehen können, verdeutlicht die nachfolgende Übersicht:

Qualitätsdimension	Beispiel
Strukturqualität: Insbes. die materiellen und organisatorischen Rahmenbedingungen sowie personelle u. sachliche Ressourcen.	Größe und Budget der Service-Einheit. Organisations- u. Rechtsform Räumliche und Sachmittelausstattung Personalstruktur und –schlüssel Qualifikationsniveau und -struktur
Prozessqualität: Sämtliche auf die Gestaltung des Prozesses des Kundenservice bezogene Aspekte	Zugangsmöglichkeiten des Bürgers Beratungs- bzw. Betreuungsintensität Räumliche Nähe Schnelligkeit und Flexibilität des Service
Ergebnisqualität: Aspekte, die die Qualität des gegenüber dem Kunden erzielten Behandlungs-ergebnisses betreffen.	Zufriedenheit des Bürgers mit dem Verwaltungsservice Recht- u. Verhältnismäßigkeit eines hoheitlichen Eingriffs. Angemessene Kosten-Nutzen-Relation einer Leistung

Abb. 97: Qualitätsdimensionen

(Quelle: Damkowski/Precht 1995, 166 f.)

Zu ergänzen wären die genannten drei Qualitätsdimensionen für die öffentliche Verwaltung im engsten Sinne u.U. noch um die politische Qualität.[75]

Da in einem engeren Sinne und auch faktisch die Politik die Auftraggeberin der öffentlichen Dienste darstellt, liegt es nahe, dass diese die Qualität der Leistung auch danach beurteilen wird, welchen Nutzen sie für die Politik stiftet.

---

[75] Vgl. Schedler/Proeller (2006, 78)

7.3.3 Umfassende Qualitätsmanagement-Konzeptionen: TQM, EFQM und CAF

TQM steht als Kürzel für Total Quality Management und geht – wie die Bezeichnung schon andeutet – davon aus, dass sämtliche Verfahren, Abläufe, Kontrakte, sprich: *alles* in der Organisation dem Qualitätsgedanken zu unterwerfen ist.

TQM geht als Managementkonzept über Normvorgaben, wie z.B. DIN EN ISO 9001:2000 hinaus und verlangt zudem:

- Die Einbeziehung aller Interessensgruppen (Stakeholder-Perspektive), also insbesondere die Belange der Gesellschaft (Umwelt-, soziale, kulturelle Belange).

- Nicht nur die Eignung der Prozesse zu prüfen, sondern auch die tatsächlich erzielten Ergebnisse.

- Vergleiche mit anderen und Wettbewerb erlauben, u.a. durch eine Punktbewertung der Exzellenz und die Vergabe jährlicher Qualitätspreise.

- Die erfolgreiche Orientierung erfordert auch Nachhaltigkeit, so dass z.B. gute Ergebnisse über mehrere Jahre erreicht werden müssen, um in der Bewertung der Ergebnisse eine hohe Punktzahl zu erreichen.

Damit diese Ziele erreicht werden können, reicht es jedoch nicht aus, lediglich an einigen Stellschrauben der Ablauf- oder Aufbauorganisation aktiv zu werden. Hinzukommen muss eine Gesamtkonzeption, die das Qualitätsdenken in sämtliche Bereiche der Organisationseinheit verankert und – vor allem – auch bei den Mitarbeitern ein entsprechendes (Um-) Denken etabliert.

International sind eine Reihe von Modellen entwickelt worden, um TQM umzusetzen bzw. in ein handhabbares Format zu binden.

In Europa stellt das EFQM-Modell[76] ein sehr verbreitetes Modell zur Umsetzung von TQM dar, an dem sich spezielle nationale Modelle ausrichten können, um sich für den Europäischen Qualitätspreis zu bewerben.

Für die europäischen Verwaltungen ist dabei mit dem CAF-Modell eine eigene Variante des EFQM-Modells erarbeitet worden.

---

[76] EFQM: European Foundation for Quality Management

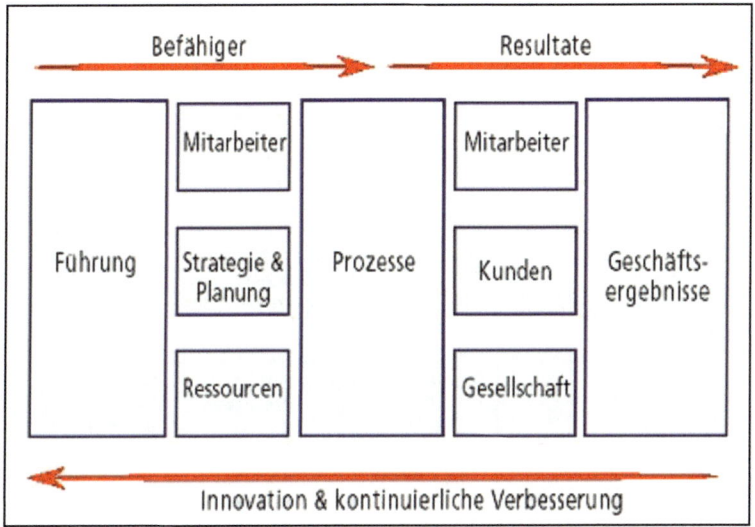

Befähiger

Resultate

Führung	Mitarbeiter	Prozesse	Mitarbeiter	Geschäfts-ergebnisse
	Strategie & Planung		Kunden	
	Ressourcen		Gesellschaft	

Innovation & kontinuierliche Verbesserung

Abb. 98: EFQM

(Quelle: http://www.tqmcenter.com)

Wie aus der Abbildung hervorgeht, basiert das Modell auf den beiden Hauptkomponenten der „Befähiger" (Enablers) und der „Ergebnisse" (Results).

- Die Befähiger stehen dabei für diejenigen Determinanten einer Organisation (z.B. Mitarbeiter, Führung), die etwas darüber aussagen, was eine Organisation im Hinblick auf den zielgerichteten Einsatz ihrer Potentiale unternimmt.

- Die Ergebnisse hingegen stehen für die Leistungen, die eine Organisation durch den Einsatz oder die Verwendung der Befähiger konkret erzielt.

Im Rahmen des EFQM-Modells ist zwar – wie auch im unten beschriebenen CAF - keine direkte Zertifizierung der Organisation möglich, jedoch vergibt die Europäische Stiftung für Qualitätsmanagement jährlich den EQA – den Europäischen Qualitätspreis für herausragende Leistungen bei der Anwendung des EFQM-Modells.

Struktur des CAF-Modells

So wie auch das EFQM-Modell stellt der CAF ein so genanntes Total Quality Modell dar, d.h. es verfolgt ein umfassendes Qualitätsmanagement.

Analog zum EFQM-Modell basiert der CAF auf der Annahme, dass es bestimmte „Befähiger" und „Ergebnisse" sind, die in die Qualitätsbeurteilung einfließen müssen. Die nachfolgende Abbildung gibt einen Überblick über die Struktur des CAF-Modells und verdeutlicht auch die große Nähe zum EFQM-Modell.

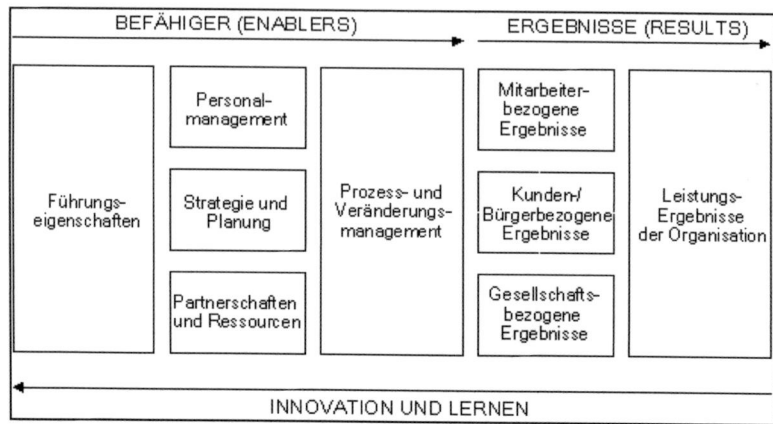

Abb. 99: CAF-Modell

(Quelle: http://www.caf-netzwerk.de)

Zu unterscheiden sind somit Befähiger und Ergebnisse sowie deren Abhängigkeiten untereinander.

Insgesamt unterscheidet CAF 9 Themenfelder, wovon 5 den Befähigern und 4 den Ergebnissen zuzurechnen sind.

Die Befähiger (Führungsqualität, Personalmanagement, Strategie und Planung, Partnerschaften und Ressourcen, Prozesse) entscheiden darüber, was eine Organisation umsetzt und auf welche Weise sie die gesteckten Ziele erreichen will.

Die verschiedenen Ergebnisarten (Mitarbeiter-, Kunden/Bürger-, Gesellschaftsbezogene Ergebnisse sowie die wichtigsten Leistungsergebnisse der Organisation) werden hinsichtlich ihres Zielerreichungsgrades mit Wahrnehmungsmessungen und internen Indikatoren evaluiert.

7.4 Wissensmanagement und Lernende Organisation

Um das Thema des Wissensmanagement einzuführen bietet es sich an, zunächst die grundlegenden Zusammenhänge zu klären.[77]

Die Rede von einem Wissens-Management deutet an, dass es sich vorwiegend um ein Thema handelt, das der Betriebswirtschafts- oder Managementlehre entstammt und auch vorwiegend unter wirtschaftlichen Gesichtspunkten diskutiert wird.

Die Zielvorgabe lautet bündig formuliert:

- Wissen ist als Ressource (Vermögen, Kapital etc.) zu begreifen, mit welcher es seitens der Verwaltung – genau wie mit finanziellen Ressourcen auch - (wirtschaftlich) verantwortungsvoll umzugehen gilt.

Als theoretischer Bezugsrahmen von „Wissensmanagement" dient dabei regelmäßig das Konzept des so genannten „organisationalen Lernens" oder - synonym - des „Organisationslernens" bzw. auch die „Lernende Organisation".

Danach werden Organisationen als Wissenssysteme verstanden. In diesen existiert eine „organisationale Wissensbasis", worunter wiederum die besonderen Fähigkeiten, ablauforganisatorische Routinen und auch Rechte/Patente, Technologien und Dokumentationen zu verstehen sind.

Der Bestand dieser Wissensbasis setzt sich im Kern aus zwei Arten von Wissen zusammen:

- Explizites Wissen ist Wissen in artikulierter oder unmittelbar artikulierbarer Form.

- Implizites Wissen ist Wissen in nicht unmittelbar artikulierbarer Form.

Nach dem Ansatz von Nonaka/Takeuchi soll innerhalb der Organisation ein permanenter Wechsel und Austausch von zwischen implizitem und explizitem Wissen gewährleistet werden.

- Implizites Wissen wird zu explizitem Wissen (Externalisierung)

- Explizites Wissen der Person A wird zu explizitem Wissen von Person B (Kombination)

- Explizites Wissen wird zu implizitem Wissen (Internalisierung)

- Implizites Wissen von Person A wird zu implizitem Wissen von Person B (Sozialisation)

---

[77] Vgl. im Überblick Mroß (2008)

Organisatorisches Lernen (und auch Verlernen) findet in diesem Verständnis dann statt, wenn sich diese Wissensbasis ändert.

Das Wissensmanagement ist in diesem Sinne also als der Teil des Managements zu verstehen, der sich mit der Gestaltung, Erweiterung, Nutzung und Sicherung der Wissensbasis des Unternehmens befasst.

Dazu lassen sich entsprechend ausgestaltete Funktionen des Wissensmanagement unterscheiden:

- Wissensbewahrung (z.B. Weiterbildung, Speicherung von Informationen)

- Wissensaktivierung und Wissensnutzung (z.B. Anstöße für Innovationsprozesse)

- Wissensverteilung (z.B. Intranet, interne Kontaktmessen, job rotation)

- Wissensentwicklung (z.B. Initiierung von Innovationsprozessen, die auf bestehendem Wissen aufbauen und ggf. noch keinen konkreten Produktbezug besitzen)

- Wissenserwerb und Wissensgenerierung (z.B. Durchführung von Lernprozessen, auch Benchmarking, Personalentwicklung)

- Wissensgeneralisierung (z.B. Bündelung von Informationen aus verschiedenen Innovationsprozessen)

Literaturverzeichnis

Arnold, U./Maelicke, B. (Hrsg.) (2009), Lehrbuch der Sozialwirtschaft, 3. Aufl., Baden-Baden

Arp, M. (1978), Aufbauorganisation, in, Handbuch der Verwaltung, hrsg. von Becker, U./Thieme. W., Köln/ua.

Bachert, R./Pracht, A. (2004), Basiswissen Controlling und operatives Controlling. Controlling und Rechnungswesen in Sozialen Unternehmen, Weinheim-München

Bea, F.X./Göbel, E. (2002), Organisation, 2. Aufl., Stuttgart

Debusmann, E. (2010), http://bios-bremerhaven.de/cms/upload/Dokumente/Erfa-PBE/Altes_Neues_KGSt-Gutachten.pdf (Stand: 15.11.2012)

Bellermann, M. (2004), Sozialökonomie, Freiburg im Breisgau

Bleicher, K. (1991), Organisation. Strategien-Struktur-Kulturen, 2. Aufl., Wiesbaden

Boeßenecker, Karl-Heinz/Markert, Andreas (2011), Studienführer Sozialmanagement, 2. Aufl., Baden-Baden

Bokranz, R./Kasten, L. (2003), Organisations-Management in Dienstleistung und Verwaltung, 4. Aufl., Wiesbaden

Brede, H. (2005), Grundzüge der Öffentlichen Betriebswirtschaftslehre 2. Aufl., München/Wien

Brinkmann, V. (2010), Sozialwirtschaft, Wiesbaden

Bröckermann, R. (2003), Personalwirtschaft, 3. Aufl., Stuttgart 2003

Bundesinnenministerium (2007), Organisationshandbuch 2007

Cronauge, U. (1997), Kommunale Unternehmen, 3. Aufl., Berlin 1997

Damkowski, W./Precht, C. (1995), Public Management, Stuttgart/ua. 1995

Decker, F. (1992), Effizientes Management für soziale Institutionen, Landsberg/Lech

Dincher, R. (2007), www.rolanddincher.de, Mannheim

Dögl, R. (1986), Strategisches Qualitätsmanagement im Industriebetrieb, Göttingen

Eichhorn, P. (1989), Öffentliche Betriebswirtschaftslehre, In: Chmielewicz, K./Eichhorn, P. (Hrsg.), Handwörterbuch der Öffentlichen Betriebswirtschaft, Stuttgart 1989, Sp. 1063-1077.

Eichhorn, P. (2006), Öffentliche Betriebswirtschaftslehre in Deutschland, In: Verwaltung und Management 12. Jg. (2006), Heft 5, S. 228-231.

Erhardt, M. (1989), Öffentliche Aufgaben. In: Chmielewicz, K./Eichhorn, P. (Hrsg.), Handwörterbuch der Öffentlichen Betriebswirtschaft, Stuttgart 1989, Sp. 1004-1011

Eyer, E. (2010), Mitarbeiter nach Leistung und Erfolg vergüten, 2. Aufl., online über Bank für Sozialwirtschaft http,//www.sozialbank.de/bfs_publikationen/ (Stand 15.11.2012)

Finis Siegler, B. (2009), Ökonomik Sozialer Arbeit, 2. Aufl., Freiburg im Breisgau

Fleßna, S. (2009), Betriebswirtschaftslehre der Nonprofit-Organisationen –Proprium einer Speziellen BWL, In: Betriebswirtschaftliche Forschung und Praxis, 61 (2009) Heft 1, S. 1-21.

Gourmelon, A./Mroß, M./Seidel, S./ (2011), Management im öffentlichen Sektor, Heidelberg/u.a.

Halfar, B. (Hrsg.) (1999), Finanzierung sozialer Dienste und Einrichtungen, Baden-Baden

Heckhausen, A.(1989), Motivation und Handeln, 2. Aufl., Berlin/ua.

Hill, W./Fehlbaum, R/Ulrich, P. (1994), Organisationslehre Bd. 1, 5. Aufl., Bern

Hopp, H./Göbel, A. (2004), Management in der öffentlichen Verwaltung, 2. Aufl., Stuttgart

Jabst, R. (2012), http://www.dbbakademie.de (Stand:15.11.2012)

KGST-Bericht (1998), Bewertung von Beamtenstellen im Neuen Steuerungsmodell, Köln

Kieser, A. (Hrsg.) (1999), Organisationstheorien, 3. Aufl., Stuttgart/u.a.

Kolb, M (2008), Personalmanagement, Wiesbaden

Kolhoff, L. (2002), Finanzierung sozialer Einrichtungen und Dienste, Augsburg

Kolisch/Harland (2011), http,//www.innovationsmanagement.de/projektmanagement/aufbauorganisation.html (Stand: 15.11.2012)

Kosiol, E. (1962), Organisation der Unternehmung, Wiesbaden

Kreidenweis, H. (2012), Lehrbuch Sozialinformatik, 2. Aufl., Baden-Baden

Kübler, H. (1978), Organisation und Führung in Behörden, 3. Aufl., Stuttgart

Likert, R. (1967), The human organization, Its management and value, New York

Meyer, D. (1999), Wettbewerbliche Neuorientierung der Freien Wohlfahrtspflege, Berlin

Mroß, M. (2006), Zum Zweck der kommunalen Bilanz, In: Verwaltungsrundschau Heft 3/2006, Seite 87-89.

Mroß, M. (2007), Öffentliche Betriebswirtschaftslehre, In: Wisu – Das Wirtschaftsstudium Heft 11/2007, Seite 1426-1431.

Mroß, M. (2008), Wissensmanagement, Ein personalwirtschaftliches Handlungsfeld für den öffentlichen Sektor, In: Der Öffentliche Dienst – Personalmanagement und Recht, Heft 9/2008, Seite 198-204.

Mroß, M. (2009), Personalmanagement für ältere Mitarbeiter im öffentlichen Sektor, In: Verwaltungsrundschau Heft 4/2009, Seite 109-112.

Mroß, M. (2009a), Personale Arbeit in Nonprofit Organisationen. Grundlagen, Theorie, Ökonomik, München

Mroß, M. (2012), Öffentliche Betriebswirtschaft vs. Sozialwirtschaft?, In Zeitschrift für öffentliche und gemeinwirtschaftliche Unternehmen Heft 3/2012, Seite 339 – 344.

Pabst, S. (2009), Privatisierung sozialer Dienstleistungen, In: Lehrbuch der Sozialwirtschaft, 3. Aufl., hrsg. von Arnold, Ulli/Maelicke, Bernd, Baden-Baden, S. 145-160.

Picot, A./Dietl, H./Franck, E. (2005), Organisation. Eine ökonomische Perspektive, 4. Aufl., Wiesbaden

Pippke, W./Gourmelon, A./Meixner, H.-E./Mersmann, B. (2007), Organisation, 2. Aufl., Köln/München

Schedler, K./Proeller, I. (2006), New Public Management, 3. Aufl., Bern/u.a.

Schellberg, K. (2002, Kostenmanagement in Sozialunternehmen, Augsburg 2002

Schmidt, G. (2002), Einführung in die Organisation, 2. Aufl., Wiesbaden

Schreyögg, G. (1999), Organisation, 3. Aufl., Wiesbaden 1999

Schreyögg, G./Koch, J. (2007), Grundlagen des Managements, Wiesbaden

Schubert, H. (Hrsg.) (2005), Sozialmanagement. Zwischen Wirtschaftlichkeit und fachlichen Zielen, 2. Aufl., Wiesbaden

Schulte-Zurhausen, M. (2002), Organisation, 3. Aufl., München 2002

Siepmann, H./Siepmann, U. (2004), Verwaltungsorganisation, 6. Aufl., Stuttgart

Staehle, W. A. (1999), Management. Eine verhaltenswissenschaftliche Perspektive, 9. Aufl., München

Staehle, W. H. (1994), Management. Eine verhaltenswissenschaftliche Perspektive, 7. Aufl., München

Tube, Achim (2002), Sozialmanagement, In: Fachlexikon der Sozialen Arbeit, 5. Aufl., Stuttgart/Köln, Seite 895-896.

Vahs, D. (2005), Organisation, 5. Aufl., Stuttgart

Vogelsang, K./Lübking, U./Ulbrich, I.-M. (2005), Kommunale Selbstverwaltung, 3. Aufl., Berlin

Wendt, Wolf-Rainer (2002), Sozialwirtschaft, In: Fachlexikon der Sozialen Arbeit, 5. Aufl., Stuttgart-Köln, Seite 918.

Wendt, Wolf-Rainer, (2002a), Sozialwirtschaftslehre. Grundlagen und Perspektiven, Baden-Baden

Wendt, Wolf-Rainer/Wöhrle, Armin (2007), Sozialwirtschaft und Sozialmanagement – in der Entwicklung ihrer Theorie, Augsburg

Williamson, Oliver E. (1990), Die ökonomischen Institutionen des Kapitalismus, Tübingen

Wöhrle, Armin (2003), Grundlagen des Managements in der Sozialwirtschaft, Baden-Baden

Wöhrle, Armin (2012), Zur Definition von Sozialmanagement und Management in der Sozialwirtschaft. Online Publikation Homepage unter http,//www.bag-sozialma nagement.de/fileadmin/docs/ Woehrle_Sozialmanagement.pdf (02.03.2012)

Zimmer, Annette/Nährlich, Stefan/Friedrich, Paulsen (2009), Zur volkswirtschaftlichen Bedeutung der Sozialwirtschaft, In: Lehrbuch der Sozialwirtschaft, 3. Aufl., hrsg. von Arnold, Ulli/Maelicke, Bernd, Baden-Baden, Seite 117-133.